ESTA SANGRE ES PARA TI

Dr. Tommy Combs

LIVING
WORD
BKS

Esta Sangre Es Para Ti

Derechos de Autor © 2015, 2020 por el Dr. Tommy Combs

ISBN: 978-1-7336334-6-8

Publicado por Palabra Viva Libros

LIVING WORD BOOKS

PO Box 1000, Dora, Alabama 35062

EMAIL: tommy.livingwordbooks@gmail.com
SITIO WEB: www.evangelisttommycombs.org

Publicado anteriormente por Life Bridge Books

Disposición y diseño por: Mercy Hope

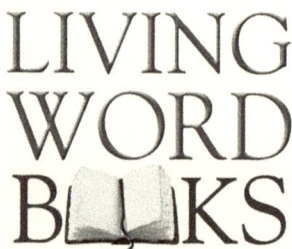

A menos que se indique lo contrario, todas las citas de las Escrituras se toman de la Santa Biblia, Nueva Bilingüe Reina Valera Revisada. Copyright ©1982 por Thomas Nelson, Inc., Nashville, TN. Utilizado con permiso.

DEDICACIÓN:

A nuestros Socios del El Aposento Alto
que continuamente oran por nosotros y siembran
preciosas semillas en este ministerio ordenado por Dios.
Este libro es especialmente para ti.

CONTENIDO

Esta sangre:

INTRODUCCIÓN

Todos los días en las oficinas de La Palabra Viva, recibimos cartas y correos electrónicos de todo el mundo. Algunos están pidiendo oración, otros hablan de milagros impresionantes que han tenido lugar debido a respuestas asombrosas a la oración.

Al estudiar la Palabra de Dios durante más de cinco décadas, he descubierto que todo favor, beneficio y bendición que recibimos es debido a la sangre de Cristo. Como descubrirán en estas páginas, las crueles palizas y llagas que Jesús sufrió no sólo para nuestra salvación, sanación y liberación, sino para nuestra protección, paz, santificación, rectitud, herencia eterna, y mucho más.

La razón por la que hay "39 latigazos" enumeradas en este libro es porque, históricamente, ese es el número de latigazos dados a una persona condenada a morir.

Como parte de la ley de Moisés, un juez podría ordenar que un hombre culpable mereciera ser golpeado: "Cuarenta azotes que puede darle y no más" (Deuteronomio 25:3). Para asegurarse de que nunca violaron este decreto, los líderes religiosos realmente contaron los latigazos para asegurarse de que no superaran este número. A lo largo de los siglos, la regla de 39 latigazos se estableció como una costumbre en el sistema judicial judío.

Esto fue llevado a los días del Nuevo Testamento durante la ocupación de Israel por Roma. Como escribió el apóstol Pablo acerca de su persecución por predicar el Evangelio, "... cinco veces he recibido cuarenta azotes menos uno" (2 Corintios 11:24).

Los relatos registrados de que Jesús fue golpeado y azotado se encuentran en Mateo 27, Marcos 15, Lucas 23 y Juan 19.

No sólo los judíos persiguieron a Jesús, sino también los soldados romanos, cumpliendo así las profecías mesiánicas de nuestro Salvador. Como Isaías escribió: "Ciertamente Él llevó nuestras enfermedades, y soportó nuestros dolores; y nosotros le tuvimos por azotado, por herido de Dios y abatido." "Mas Él fue herido por nuestras transgresiones molido por nuestros pecados; el castigo de nuestra paz fue sobre Él, y por sus llagas fuimos nosotros curados" (Isaías 53:4-5).

Las 39 llagas que Jesús llevaba provenían de un "flagelo" romano. Era un látigo, de aproximadamente tres pies de largo, hecho de tres cinturones de cuero unidos a un mango de madera.

Cada tres pulgadas se colocaba un pedazo de hueso afilado que se decía que proveniente de la pelvis de un cordero. Cuando el prisionero fue azotado, un pedazo de hueso se rompería, dejando bordes irregulares que sobresalían. Así, con cada golpe del látigo, las laceraciones crecerían cada vez más insoportables. También había pequeños ganchos colgando de las hebras de cuero, añadiendo al tormento.

Las palizas infligidas a Jesús, que fueron recibidas en el camino a la cruz y en el Calvario, fueron más allá de cualquier dolor que podamos imaginar. El Hijo de Dios sufrió esta agonía para garantizar cada beneficio que recibimos hoy.

Me alegra que estés leyendo este libro.

REZO USTED SE
ALEGRARÁ CONMIGO
DEL TRABAJO MARAVILLOSO
QUE LA SANGRE DE CRISTO
LLEVA A CABO.

Permítanme también sugerirles que utilicen esto como un devocional de 39 días, y que se tomen el tiempo para agradecer al Señor diariamente por lo que ha hecho.

El derramamiento de sangre por Cristo no es sólo un acontecimiento histórico que ocurrió hace 2,000 años; es por hoy, ¡Esta Sangre Es Para Ti!

latigazo #1

Esta Sangre
TE DA VIDA

"Porque la vida de la carne en la sangre está, y yo os la he dado para hacer expiación sobre el altar por vuestras almas; y la misma sangre hará expiación de la persona.
– LEVÍTICO 17:11

El cuerpo humano es un organismo increíble. Se compone de músculos, nervios, glándulas, huesos, y lo que se ha referido como "tejidos fijos." Pero nuestra sangre es diferente; es fluido y se mueve por todo nuestro cuerpo, suministrando a cada parte de nosotros nutrición y limpieza. Sin ella dejaríamos de existir.

La investigación nos dice que hay casi ocho millones de glóbulos rojos en cada milímetro cúbico de sangre, lo que significa que hay más de 20 billones de ellos en cada ser humano.

Aún más asombroso, alrededor del uno por ciento de estas células se cambian diariamente, y duran unos 120 días antes de ser recicladas para formar nuevos glóbulos rojos. Durante su vida útil de aproximadamente cuatro meses, cada glóbulo rojo viaja alrededor de 300 millas alrededor del cuerpo y pasa a través del corazón casi 14,000 veces cada día.

Un científico estimó que si los vasos sanguíneos en una persona se colocaban de punta a punta, se estirarían al menos 100,000 millas de longitud, ¡suficiente para rodear la tierra cuatro veces!

Por mi vida, no puedo entender cómo alguien puede cuestionar el hecho de que somos creados de manera única por la mano de Dios Todopoderoso.

EL ELEMENTO ESENCIAL

Así como no puede haber vida en nuestro cuerpo físico sin sangre, lo mismo es cierto para la Palabra de Dios. Como alguien comentó: "Corta la Biblia en cualquier lugar y sangrará." Para entender lo vital que es, la sangre se habla de 427 veces en las Escrituras. Sin él el Evangelio sería impotente y no habría vida eterna.

En la iglesia primitiva, el tema de "la sangre" era central. Por ejemplo, en el Libro de los Hechos, hay 22 sermones registrados por cuatro predicadores, todos en relación con la muerte, el entierro y la resurrección de Cristo. Cada uno de ellos señala la sangre del Hijo de Dios como un elemento esencial de la salvación.

La sangre ha sido llamada "la fuente de la vida," porque es la parte de nosotros la que es la primera en vivir y la última en morir.

En el versículo al principio de este capítulo, aprendemos que la razón por la que Dios requería que se derramara sangre en el altar era "hacer expiación por tu alma."

El pueblo de Israel se enseña que el sacrificio de un animal expió sus pecados. Tenían una fuerte creencia en el poder de las ofrendas y los sacrificios. Específicamente, sostenían que la sangre de los animales ayudaba a restaurarlos a Dios al contrarrestar, o "cubrir," sus transgresiones.

Un "Día de Expiación Anual" anual se conmemoró cuando el sumo sacerdote entró en el Lugar Santísimo en el templo o tabernáculo para ofrecer un sacrificio de sangre por los pecados de Israel.

ASIGNACIÓN DIVINA DE CRISTO

Este es un tema importante de la Biblia. Como discutiremos en detalle más adelante, es imposible que el pecado sea removido de nuestras vidas sin el derramamiento de sangre. "Expiar," como se habla en las Escrituras, es sufrir la pena por el pecado, eliminando así los efectos de la iniquidad de la persona que se arrepiente, y permitiendo que ese individuo se reconcilie con Dios. El único capaz de llevar a cabo tal asignación para toda la humanidad es Cristo. Al aplicar la sangre que derramó en la cruz y pidiendo perdón de nuestros pecados, recibimos el don invaluable de la vida eterna. Sólo nuestra expiación depende de la sangre, por medio de ella también somos preservados y nutridos. Gracias al Calvario, los que hemos aceptado a Cristo tenemos vida eterna.

latigazo #2

Esta Sangre
ES PARA LA REMISION
DEL PECADO

"Y casi todo es purificado, según la ley, con sangre; y sin derramamiento de sangre, no hay perdón de pecados."
— HEBREOS 9:22

Cuando tenía unos diez años, comencé a ir con mi abuela a la Iglesia de Dios. Fue una pequeña congregación pentecostal que se reunió en un edificio con estructura de madera con alrededor de 50 asistentes. Una mañana de domingo, el predicador estaba en medio de su mensaje sobre el tema del pecado, la salvación y la sangre de Cristo. Nunca lo olvidaré. De repente, mi corazón empezó a correr lo que parecía mil millas por hora hasta que pensé que saltaría de mi pecho. Cuando dio una invitación para que aquellos que querían aceptar a Cristo como su Salvador vinieran al altar, mis piernas no pudieron llevarme lo suficientemente rápido.

Mientras estaba arrodillado, llorando lágrimas de arrepentimiento, el hermano de mi abuela, un gigante de un hombre, agachado abajo al lado de mí. Puso sus manos sobre mi cabeza y me dijo: "Tommy, ¿te gustaría rezar la oración del pecador conmigo?"

Así es. Y cuando le pedí a la sangre de Jesús que limpiara mi corazón me sentí como una persona nueva. Ese día mi vida cambió para siempre.

Me doy cuenta de que sin que Cristo diera Su sangre en esa vieja y robusta cruz sería totalmente imposible que me perdonaran.

A medida que pasaban los años y crecí en el Señor, comprendí la profundidad del mensaje sencillo pero transformador de la vida de que "sin derramamiento de sangre no hay remisión del pecado."

EL ÚNICO MEDIO DE PERDÓN

Algunas impurezas pueden ser eliminadas

por el fuego y el agua, pero cuando se trata del perdón de nuestras transgresiones, la mancha del pecado sólo puede ser limpiada por la sangre. En este gozne cuelga la puerta entera de la salvación.

Puedes buscar a través de la historia y nunca encontrarás dónde un hombre o una mujer ha sido purificado y perdonado excepto a través de la sangre que fue derramada por sus pecados.

Esta es la razón:

- Ningún pecador puede esperar perdón excepto por la sangre de Jesús.

- Si un individuo ha de ser redimido, debe confiar en los méritos de la preciosa sangre de Cristo.

- En cuanto a la salvación, un príncipe o el indigente están en el mismo nivel y deben ser salvados el mismo camino — por la sangre que fue derramada en la cruz.

Sin duda, Dios instituyó el sistema de sacrificios del antiguo Testamento para señalar el sacrificio final de Cristo.

Las diversas ofrendas de los primeros Israelíes tenían fines específicos, entre ellas:

- La Ofrenda de Intrusión - para la eliminación de la culpa

- La Ofrenda Quemada - que simboliza la totalidad de la eliminación del pecado y proporciona un aroma agradable a Dios

- La Ofrenda de Bebidas - derramada sobre el sacrificio, lo que significa que nuestras vidas deben ser derramadas

- La Ofrenda de Olas (una gavilla de cebada) — elevando nuestro sacrificio al Señor.

- La Ofrenda de Libre Albedi, dando voluntariamente con un corazón hacia Dios

En las muchas otras ofrendas, ya sea por paz, acción de gracias o consagración, ninguna en comparación con el sacrificio final. Las ordenanzas del antiguo Testamento eran temporales y tenían que repetirse una y otra vez, pero cuando Cristo fue clavado en una cruz de madera, Su sangre derramada fue "de una vez por todas." Gracias a Dios, hoy puedo alegrarme de que mis pecados fueron perdonados permanentemente en el Calvario.

Esta Sangre
ES EL NUEVO PACTO

"Porque esto es mi sangre del nuevo pacto, que va a ser derramada por muchos, para remisión de los pecados."
– MATEO 26:28

En el lenguaje de hoy, generalmente hablamos de que la Biblia se divide en dos secciones: el antiguo Testamento y el nuevo Testamento. En realidad, contiene el antiguo Pacto y el nuevo Pacto.

El término "pacto" significa un contrato legal vinculante, y la Palabra de Dios es tal acuerdo. Sin embargo, hay otra aplicación de "pacto" cuando se usa en la Biblia, que significa "cortar" o "extraer sangre."

Hay innumerables historias registradas en la historia y continuando hasta la actualidad, donde se hacen "pactos de sangre" entre hombres en el Medio Oriente. Por ejemplo, muchos "sellan" un enlace mediante el uso de una hoja de afeitar afilada; cada hombre hace una incisión en su muñeca hasta que la sangre se eleva a la superficie. Luego colocan sus muñecas firmemente y dejan que la sangre se mezcle.

Algunos van tan lejos como tomar una copa en la mesa llena de jugo de uva o vino. Cada hombre permite que unas gotas de su sangre caigan en el vaso, luego mezclan el contenido y beben de él.

Algunos hombres, llamados "hermanos de sangre," también firmarán un convenio escrito que declara: "Si, por alguna razón, no sois capaces de proveer para sus hijos, los sostendré y llegaré a ser padre para ellos. Y si te enfermas o mueres, yo me haré responsable del bienestar de tu esposa y familia."

Es importante tener en cuenta que la antigua Alianza establecida entre Dios y Abraham se basaba en la sangre: circuncisión.

Cuando el Hijo de Dios vino a la tierra, hubo un nuevo contrato, pero el nuevo no aniquiló lo viejo. En cambio, como Jesús dijo: "No pienses que vine a destruir la Ley de los Profetas. No vine a destruir, sino a cumplir" (Mateo 5:17).

¿Cómo se instituyó la nueva Alianza entre Dios y el hombre? Por la sangre de Cristo Jesús.

UN VÍNCULO INCREÍBLE

Hay muchas razones para entrar en un convenio de sangre, incluyendo seguridad, protección, asistencia y relación. Esto no es un asunto trivial.

En ciertas sociedades, si rompes un vínculo, tu propia familia te rastreará y tu vida tiene poco valor.

Cuando se trata de si entras o no en un convenio con tu Creador, hay consecuencias graves si te niegas, incluso la separación espiritual y eterna de Dios.

Piénsalo de esta manera. Tu Padre celestial envió a Su único Hijo para tener una relación contigo. También significa que los tesoros desde arriba y el poder divino de Dios son tuyos para pedir. Esa es la increíble asociación que tenemos cuando le pedimos a Cristo que aplique Su sangre a nuestros corazones.

HAY MUCHOS BENEFICIOS
CUANDO ENTRAMOS
EN ESTE CONVENIO.
RECIBIMOS LA ARMADURA
ESPIRITUAL PARA LUCHAR AL ENEMIGO
Y UNA TÚNICA DE JUSTICIA
PARA VIVIR SOBRE EL PECADO.

También tomamos el nombre de Cristo y tenemos el derecho y el privilegio de ser llamados "cristianos."

EL SEGUNDO ADÁN

La razón por la que era necesario que el Todopoderoso estableciera un convenio de sangre con el hombre fue por lo que ocurrió en el Jardín del Edén con el primer hombre: Adán. Se le había dado dominio, pero Adán pecó, y en ese momento perdió su autoridad espiritual y se sometió a Satanás.

A partir de ese momento, Dios buscó la manera de devolver la justicia a este planeta, para redimir al hombre pecador que había despilfarrado Su autoridad.

Esto se completó cuando Dios envió a Jesús a la tierra como el "el postrer Adán" para recuperar legalmente lo que el primer Adán había regalado (1 Corintios 15:45).

Den gracias a Dios por el nuevo Pacto, el convenio de sangre, que hace posible que tú y yo tengamos un vínculo eterno con Cristo.

Esta Sangre
LE LIBERA

"Al que [Jesucristo] nos amó, y nos liberó de nuestros pecados en Su sangre...
– APOCALIPSIS 1:5

Al crecer en la zona rural de Alabama, he visto gente que no tenía mucho dinero tratar de alegrar la apariencia de sus casas y graneros con lo que se llama "lavado de blancos." ¡Esta es una mezcla de mucha agua y muy poca pintura!

Seguro hizo la mirada exterior nueva, y mientras el sol brillaba, esto era la conversación de la vecindad. ¡Pero qué decepción cuando la primera tormenta golpeó! De repente, toda la mugre que estaba debajo comenzó a abrirse paso.

Cuando se trata de asuntos espirituales, la mayoría de las personas se ven tentadas a elegir una "solución rápida" en lugar de bregar con los principales problemas de su vida. Están satisfechos de pasar por alto sus pecados en lugar de venir a Cristo para un lavado espiritual completo.

En los días en que Jesús caminaba por la tierra, tenía poco tiempo o simpatía por los líderes religiosos que amaban orar en público sólo para impresionar a los hombres. Sentía lo mismo de aquellos que hacían una gran demostración de dar dinero al templo para que todos se dieran cuenta y admiraran su generosidad.

Trataron de dar la impresión de devoción, pero Jesús sabía que estaban viviendo una mentira. Por eso dijo: "¡Ay de vosotros, escribas y fariseos, hipócritas!, porque sois semejantes a sepulcros blanqueados, que por fuera, a la verdad, aparecen hermosos, más por dentro están llenos de huesos de muertos y de toda inmundicia. Así también vosotros por fuera, a la verdad, aparecéis justos a los hombres, pero por dentro estáis llenos de hipocresía e iniquidad" (Mateo 23:27-28).

Tal vez haya visto un anuncio clasificado en el periódico o un letrero publicado en un poste telefónico que decía: "Vamos a lavar su casa."

Permítanme ofrecer una idea mejor. Cuando se trata del hogar espiritual en el que vivimos, la sangre de Cristo es tan poderosa que nos lava de adentro hacia afuera. Cuando nacemos de nuevo, tenemos sangre nueva y pura que emerge por nuestras venas.

¡Habla de estar limpio de una vez por todas! Dios dice que "echará en lo profundo del mar todos nuestros" (Miqueas 7:19), y "nunca más me acordare" (Hebreos 8:12).

Por Su sangre, Cristo ha eliminado la contaminación de la iniquidad de nuestras almas.

Pablo el Apóstol hizo esta pregunta a los creyentes de Corinto: "¿O no sabéis que los injustos no heredarán el reino de Dios? ... Y esto erais algunos; mas ya habéis sido lavado, en el nombre del Jesús, y por el Espíritu de nuestro Dios" (1 Corintios 6:9, 11).

Se necesita más que un removedor para borrar la fea mancha de culpa incrustada en nuestros corazones y mentes.

¿QUE PUEDE LAVAR SU PECADO? NADA MÁS QUE LA SANGRE DE JESÚS.

¿ESTÁS LAVADO?

Nunca me canso de cantar este viejo himno:
¿Has estado en Jesús por el poder purificador?
¿Estás lavado en la sangre del Cordero?
¿Confías plenamente en Su gracia esta hora?
¿Estás lavado en la sangre del Cordero?

¿Estás lavado en la sangre,
En la sangre del Cordero limpiando el alma?
¿Tus ropas están impecables?
¿Son blancos como la nieve?
¿Estás lavado en la sangre del Cordero?

Permítanme compartir las buenas noticias. Cristo nos amó antes de lavarnos. Su amor fue la causa de nuestra limpieza. No había nada que pudiéramos hacer para lavarnos limpios hasta que esa preciosa fuente comenzara a fluir de la cruz.

latigazo #5

Esta Sangre
TE LIMPIA DE TODO PECADO

"Pero si andamos en la luz, como él está en la luz, tenemos comunión unos con otros, y la sangre de Jesucristo Su Hijo nos limpia de todo pecado.

– 1 JUAN 1:7

En el área de Alabama en la que crecí, la minería del carbón era una gran parte de la economía hasta que el carbón se agotó. Mi padre era minero.

El domingo por la mañana y por la noche, los mineros traían a sus familias para asistir a la Iglesia Dora de Dios, pero los hombres se sentaban afuera en sus camionetas, hablando, fumando y masticando tabaco.

Como no había aire acondicionado, las ventanas de la iglesia estaban abiertas, y la música resonaba en todo el vecindario. Pero en el invierno hacía demasiado frío para congregarse afuera, así que estos mineros no salvados entraban en la iglesia, donde había un pequeño calentador de carbón. Ocupaban las filas traseras, todavía masticando su tabaco. ¡Hasta el día de hoy todavía puedo recordar el sonido de ellos escupiendo ese jugo marrón en las tazas que sostenían!

UN DOMINGO POR LA NOCHE
EL PODER DE DIOS
SE HIZO TAN FUERTE
QUE SE PODÍA VER
Y SENTIR LA GLORIA DE SHEKINAH
ALREDEDOR DEL ALTAR.

Esos mineros de carbón, incluido mi papá, bajaron sus copas y llegaron a ese altar como una polilla a una llama. Ellos dieron sus corazones al Señor y nunca fueron los mismos. Fue un testimonio increíble en nuestra comunidad.

PERDONADO Y PURIFICADO

Cuando la Biblia nos dice que la sangre de Cristo "nos limpia de todo pecado," eso es exactamente lo que significa. Esto incluye asesinos, violadores y abusadores de niños, incluso las horrendas atrocidades de Atila el Hun, Hitler y Mussolini. Aquellos que pidan a Jesús que los perdone y permitan que Su sangre se aplique a sus corazones tendrán la pizarra limpia.

Sólo somos transformados por la sangre que cristo derramó en la cruz, pero se vierte en nuestras venas día a día, por lo que hay una limpieza continua. Somos perdonados y purificados. Debido a que Cristo sacrificó Su vida, tenemos perdón; porque Él vive, nosotros estamos hechos completos.

APERTURA DEL LIBRO

Martín Lutero una vez tuvo un sueño y se vio de pie ante Dios en el Día del Juicio. También vio a Satanás, que estaba allí para acusarlo. Cuando se abrieron los libros del cielo, el diablo señaló el pecado después del pecado del cual Lutero había sido culpable, y su corazón se hundió de miedo y desesperación.

Entonces Lutero recordó la cruz del Calvario. Así que se volvió hacia el diablo y le dijo: "Satanás, hay una entrada que no has hecho."

"¿Qué es eso?" quería saber el diablo.

"Es esto," respondió Lutero: "La sangre de Jesucristo, su Hijo, nos limpia de todo pecado" (1 Juan 1:7).

Esta Sangre
ES PERFECTO, SIN DEFECTO

Usted fue redimido "la sangre preciosa de Cristo, como de un cordero sin mancha y sin contaminación."

– 1 PEDRO 1:19

Según la Escritura, Jesús murió en la cruz a la tercera hora—3:00 PM (Marcos 15:25). Esto no fue por casualidad.

Mucho antes de que Dios enviara a Su Hijo a la tierra, los israelitas celebraron la Pascua, recordando el tiempo en que Dios envió plagas contra Egipto en un intento de liberar a los judíos. La plaga final fue la muerte de todos los primogénitos egipcios.

Dios les dijo a los israelitas que marcaran los postes de sus hogares con la sangre de un cordero de primavera sacrificado. Al ver esto, el Espíritu del Señor sabía pasar sobre el primogénito en esos hogares. Como registra la Escritura: "Y la sangre os será por señal en las casas donde vosotros estéis; y veré la sangre y pasaré de largo en cuanto a vosotros, y no habrá en vosotros plaga de mortandad cuando hiera la tierra de Egipto" (Éxodo 12:13).

En los días de Jesús, para celebrar la Pascua, los judíos viajaban a Belén donde estaban los pastores y encontrarían un cordero "pascual," uno perfecto. Los ojos, la piel, incluso los cascos, tenían que estar sin imperfecciones. Traerían a ese animal de vuelta a Jerusalén el Día de Expiación.

Esto estaba de acuerdo con las ordenanzas de los sacrificios del antiguo Testamento: "El animal será sin defecto" (Éxodo 12:5). "Ninguna cosa en que haya defecto ofreceréis, porque no os será aceptado" (Levítico 22:20).

A las 3:00 PM se hizo el sacrificio final. Fue entonces cuando los corderos, toros, cabras y tórtolas fueron sacrificados. A cada familia se le pidió que presentara un sacrificio, pero para aquellos que no lo hicieron, el Sumo Sacerdote traería el "cordero perfecto" al altar, cortaría la garganta y pronunciaba estas palabras: "¡Se acabó!"

Qué paralelo de Cristo, nacido en Belén, derramando Su sangre sobre la cruz.

Desde el nacimiento virgen de Cristo estableció Su justicia, fue el sacrificio perfecto. Recuerden, Judas gritó: "He pecado, entregando sangre inocente" (Mateo 27:4).

Qué Salvador tan impecable es. Como Pablo declaró: "Al que no conoció pecado [Jesús], por nosotros lo hizo pecado, para que nosotros fuésemos hechos justicia de Dios en él" (2 Corintios 5:21).

Nunca había sucedido que una mujer sin un hombre dio a luz a un niño. Pero ese es el milagro del nacimiento de una virgen. Puesto que la naturaleza adánica es transmitida por la línea de sangre del macho, debido al Espíritu Santo, no había absolutamente ninguna impureza en la sangre de Jesús. Todos los aspectos de Cristo eran impecables.

Juan, la voz en el desierto y el precursor de Cristo, estaba bautizando a la gente en el río Jordán. Vio a Jesús acercarse y anunció: "¡He ahí el Cordero de Dios, que quita el pecado del mundo!" (Juan 1:29). Cuando la sangre pura del Salvador se aplica al pecador, proporciona purificación. El escritor de Hebreos concluyó: "Porque si la sangre de los toros y de los machos cabríos, y las cenizas de la becerra rociadas a los contaminados, santifican para a la purificación de la carne, ¿cuánto más la sangre de Cristo, por el mediante el Espíritu eterno se ofreció a sí mismo sin mancha a Dios, purificará vuestras conciencias de obras muertas para que sirváis al Dios vivo?" (Hebreos 9:13-1, KJV).

¿Qué puede lavar mi pecado? Nada más que la sangre de Jesús. ¿Qué puede hacerme sano de nuevo? Nada más que la Sangre de Jesús. Oh, precioso es el flujo que me hace blanco como la nieve. Ninguna otra fuente que conozco, nada más que la Sangre de Jesús.

Esta Sangre
ES PARA SU BAUTISMO EN CRISTO

"¿Os ignoráis que todos los que hemos sido bautizados en Cristo Jesús, hemos sido bautizados en Su muerte?"

– ROMANS 6:3

Si han nacido de nuevo, hubo un momento en que murieron para cantar y, a causa de Su sangre, fueron bautizados en Cristo.

El bautismo de agua es una ordenanza de la Iglesia y uno que debes seguir, pero también sirve para recordarte el milagro de la salvación, y confirma tu nueva vida como hijo de Dios.

La Escritura enseña: "Porque todo los que

habéis sido bautizados en Cristo, os habéis revestido de Cristo" (Gálatas 3:27). En otras palabras, el Hijo de Dios es la totalidad de tu vida, por dentro y por fuera.

En el bautismo, estamos unidos a Cristo, tanto a Su muerte como a Su resurrección. El apóstol Pablo lo explica cuando escribe: "Si hemos muerto con Cristo, creemos que también viviremos con él; sabiendo que Cristo, habiendo resucitado de los muertos, ya no muere; la muerte ya no se enseñorea más de él.   Porque en cuanto a lo que murió, al pecado murió una vez por todas; más en cuanto a lo que vive, para Dios vive.   Así también vosotros consideraos muertos al pecado, pero vivos para Dios en Cristo Jesús, Señor nuestro" (Romanos 6:8-11).   Sólo la sangre eterna de Cristo hace esto posible.

UNA UNIÓN DIVINA

Jesús se refirió a Su muerte como bautismo. Les dijo a los discípulos: "La copa que yo bebo, la beberéis; y seréis bautizados con el bautismo con que yo soy bautizado " (Marcos 10:39).

DEBIDO A LA
CRUCIFIXION EN GOLGOTHA,
Y NUESTRA RESPUESTA,
TENEMOS UNA UNION CON CHRIST
ESO VA MUCHO MÁS ALLÁ
COMPRENSIÓN HUMANA.

Su sangre y la nuestra están "mezcladas." ¡Vivimos en Él y está vivo en nosotros!

Qué emoción saber: "Porque por un solo Espíritu todos fuimos bautizados en un solo cuerpo... y todos han sido hechos para beber en un solo Espíritu."

Sólo por la sangre puedo declarar al mundo: "Con Cristo estoy juntamente crucificado, y ya no vivo yo, sino que Cristo vive en mí; y lo que ahora vivo en la carne, lo vivo en la fe del Hijo de Dios, el cual me amo y se entregó a si mismo por mí" (Gálatas 2:20).

¡Alabado sea Dios!

latigazo #8

Esta Sangre
TE HACE LA POSESICION DE DIOS

"Por tanto, mirad por vosotros, y por todo el rebaño en que el Espíritu Santo os ha puesto por supervisores, para apacentar la iglesia del Señor, la cual él adquirió para si por medio de su propia sangre."
– HECHOS 20:28

Mi corazón se vuelve pesado cada vez que escucho informes de que alguna denominación principal ha pedido a su editorial que elimine canciones de sus himnos que se refieren a "la sangre."

En su intento de tener un mensaje contemporáneo, "sentirse bien," usan la excusa: "Tenemos que apelar a una nueva generación y no debemos desactivarlos," un teólogo liberal llegó a decir: "No creo que necesitemos una teoría de expiación en absoluto. ... No creo que necesitemos gente colgando de cruces y sangre goteando y cosas raras."

¿Cosas raras? ¿Están ciegos al hecho de que la sangre de Cristo es el corazón mismo del Evangelio? Sin ella, no habría salvación, y estaríamos eternamente perdidos.

La razón por la que llamamos a nuestro ministerio La Palabra Viviente es porque la Biblia es el único libro en este mundo que es capaz de impartir vida a aquellos que creen lo que está escrito en sus páginas. Sin duda, es "viva y eficaz, y más cortante que toda espada de dos filos" (Hebreos 4:12).

Permítanme compartir con ustedes lo que hace que la Palabra de Dios sea totalmente diferente de cualquier libro que se haya escrito: Hay un flujo divino de sangre que fluye a través de cada página desde Génesis hasta Apocalipsis. Amigo mío, es el ingrediente que inyecta vida y poder en las Escrituras.

Mi consejo a los que diluyen el Evangelio es: ¡nunca se meta con el mensaje!

Escuché acerca de un ateo declarado que desafió a un predicador nacido de nuevo, lleno de Espíritu a un debate. El predicador lo aceptó en su oferta bajo una condición: "Que pueda traer conmigo a 100 hombres y mujeres que puedan decir qué milagros han sucedido en sus vidas desde que aceptaron a Cristo como su Señor y Salvador." Luego agregó: "No sólo hablarán de sus conversiones, sino que estarán abiertos a un interrogatorio por cualquiera que dude de sus testimonios."

El ministro llegó a invitar a su oponente a traer a un grupo de no creyentes que pudieran compartir cómo se les ayudó por su falta de fe.

Cuando llegó la fecha programada, una gran multitud se había reunido, y el predicador llegó con 100 hombres y mujeres cuyas vidas habían sido transformadas.

¡El ateo y sus seguidores no aparecieron!

La buena noticia es que el encuentro se convirtió en un tiempo de testimonio, con los creyentes contando cómo la sangre de Cristo había lavado sus pecados. Muchos escépticos en la audiencia se salvaron esa noche.

Como el Apóstol Pedro, lleno de la Espíritu Santo, declaró a los líderes religiosos de su época: "Sabedlo todos vosotros, y todo el pueblo de Israel, que en el nombre de Jesucristo de Nazaret…por él este hombre está en vuestra presencia…porque no hay otro nombre bajo el cielo, dado a los hombres, en que podamos ser salvos" (Hechos 4:10, 12).

Cristo compró la iglesia —de la cual ustedes son una parte vital— con Su propia sangre preciosa. Esto te hace posesión de Dios.

El enemigo desea controlarlo todo: cuerpo, mente y espíritu. Pero debido a que hemos sido comprados por la sangre de Jesús, no estamos bajo la influencia de una fuerza externa, sino por el Espíritu Santo que nos está cuidando en este preciso momento.

Con la guía del Espíritu, se nos ha dado la gran responsabilidad de ser el vidente de Su rebaño. En mis viajes a Israel he notado que las ovejas van a donde el pastor conduce. Toca una campana y ellos siguen.

Cristo no derramó Su sangre en vano. Te compró, y te ha llamado a Su servicio. Por favor, mantenga el mensaje seguro, asegurado y fuerte.

Esta Sangre
ES PARA SU REDENCIÓN

"En quien tenemos redención por medio de Su Sangre...según las riquezas de Su gracia."

– EFESIOS 1:7

Si tuvieras que poner un precio a tu cuerpo, ¿qué crees que valdría la pena? En el natural, las sustancias químicas crudas que componen tu carne y huesos no son exactamente un tesoro. Sin embargo, ciertos órganos individuales que pueden ser necesarios para un trasplante de corazón o riñón podrían valer miles.

Al asignar valor, todo es relevante. Por ejemplo, una vez oí hablar de un hombre que viajó a

París, y mientras estaba allí compró un collar de ámbar bastante barato en una tienda de baratijas para su esposa. Cuando regresó a los Estados Unidos, se sintió curioso por conocer el verdadero valor del collar, así que lo llevó a una joyería de buena reputación para una evaluación. Después de mirar la pieza bajo una lupa, el tasador le dijo, te daré $50,000 por ello ahora mismo."

Como puedes imaginar, el hombre fue bombardeado. ¡Cuestionando la primera evaluación, se la llevó a otro experto y se le ofreció $20,000 adicionales!

El hombre, en completo asombro preguntó: "¿Qué ves que es tan valioso?"

"Ven aquí y mira a través del cristal," respondió el joyero. Allí, justo delante de sus ojos estaba esta inscripción: "A Josefina de Napoleón."

El valor del collar vino de su identificación con uno de los individuos más famosos de la historia. ¿Y tú? Espero que se den cuenta de que cuando vienen a Cristo se identifican con uno que es mucho más importante y valioso que cualquier humano que haya vivido.

Aún más, el mismo Dios que te creó a Su imagen y semejanza te considera de tal valor que envió a Su hijo único a la tierra para pagar el precio final por tu alma.

Como preguntó el apóstol Pablo: "¿No sabéis que vuestro cuerpo es santuario del Espíritu Santo, el cual está en vosotros, el cual tenéis de Dios, y que no sois vuestros? Porque habéis sido comprados por precio; glorificad, pues, a Dios en vuestro cuerpo y en vuestro espíritu, los cuales son de Dios (1 Corintios 6:19-20).

Tú y yo fuimos esclavos del pecado, pero debido a la sangre, ahora podemos gritar: "He sido redimido."

¡Nunca olvides, Dios no te ama porque eres valioso; eres valioso porque Dios te ama!

¿Por qué tu Padre celestial tiene tanto cuidado y compasión?

- Dios os ama tanto que cuando estabas muerto en tus pecados os hizo vivir en Cristo (Efesios 2:4-5).

- Dios te ama porque quiere que seas más que un conquistador (Romanos 8:37).

- Dios los ama lo suficiente como para enviar a Su Hijo a morir para que ustedes tengan vida eterna (Juan 3:16).

- Dios os ama tan plenamente que os redimió por medio de la sangre de Cristo (Efesios 1:7).

Ya que has sido comprado al costo más alto, por el poder más alto, nunca desperdicies tu herencia. La Biblia emite esta advertencia: "Por precio fuisteis comprados; no os hagáis esclavos de los hombres" (1 Corintios 7:23).

Si alguna vez te sientes tentado por el brillo temporal y el encanto de este mundo, detente un momento y reflexiona sobre la cruz. ¿Vale la pena darle la espalda a lo que se compró especialmente para usted? ¿Vale la pena tirar tu vida a la basura cuando has sido redimido y rescatado de una eternidad en el Infierno?

Es mi oración que te veas a ti mismo como un tesoro a la vista de Dios que hagas todo lo que esté a tu alcance para estar a la hora de cumplir la promesa y el potencial que él ve en ti.

latigazo #10

Esta Sangre ES PARA SU PERDÓN

En Cristo "tenemos... por medio de Su sangre, el perdón de pecados."
– COLOSENSES 1:14

Cuando comparto el mensaje de Cristo, ya sea en los Estados Unidos o en alguna nación extranjera, siempre ofrezco a la gente la oportunidad de dar su corazón al Señor.

Recientemente, después de un servicio en el que muchas personas respondieron a la invitación, me sentí llevado a orar por una mujer en particular que estaba delante de mí. Me acerqué a ella y le pregunté: "¿Estás listo para recibir a Cristo?"

Su respuesta fue una que había oído muchas veces antes: "Me encantaría salvarme, pero he hecho tantas cosas terribles en mi vida que no estoy seguro de que Dios me acepte."

Era mi alegría asegurarle a la mujer que no importaba lo que había en su pasado, si realmente se arrepentía, la sangre de Cristo cubriría todas las transgresiones que había cometido y le daría un nuevo comienzo. Le dije que tenemos esta promesa: "Si confesamos nuestros pecados, él es fiel y justo para perdonarnos nuestros pecados, y limpiarnos de toda iniquidad" (1 Juan 1:9).

Su rostro se iluminó como si dijera: "¡Lo tengo!" Tuve el privilegio de guiarla en la oración del pecador.

Estoy convencido de que una de las razones por las que es tan difícil para las personas comprender el poder perdonante de la sangre de Cristo es que parece demasiado bueno para ser verdad. Pero, debido a que la Palabra de Dios es infalible, podemos depender de lo que diga. Se nos han dado "preciosas y grandísimas promesas, para que por ellas llegaseis a ser participantes de la naturaleza divina." (2 Pedro 1:4).

Es más que significativo que la sangre de Cristo fue derramada "para remisión de los pecados" (Mateo 26:28). La palabra "remisión" se traduce como "perdonar" o "disculpar." El Señor trata nuestras transgresiones como si nunca hubieran sucedido.

Juan pidió al pueblo que contemplara al Cordero de Dios que "quita" el pecado del mundo (Juan 1:29). La sangre de Jesús no sólo cubre nuestras iniquidades, sino que son completamente perdonadas y eliminadas.

Esto no es algo que ganamos con buenas acciones; es un don de nuestro Padre celestial, entregado por medio de Su Hijo. Es "por gracia que habéis sido salvados por medio de la fe; y esto no proviene de vosotros, pues es don de Dios" (Efesios 2:8).

LA ORACIÓN QUE DIOS ESCUCHA

Hay una historia maravillosa registrada en el Libro de Lucas. Jesús dirigía Sus comentarios a aquellos que estaban egocéntricos y sentían que eran moralmente superiores, tanto que despreciaban a la gente común que los rodeaba.

La parábola se centró en dos hombres que fueron al Templo a orar; uno era un fariseo y el otro era un recaudador de impuestos. Así es como el fariseo oró: "Dios, te doy gracias porque no soy como los demás hombres, ladrones, injustos adúlteros, ni tampoco como ese cobrador de impuestos; ayuno dos veces a la semana doy diezmos de todo lo que gano" (Lucas 18:11-12).

Mientras el fariseo se jactaba ante Dios, el hombre de los impuestos se detuvo en la distancia, enterró su rostro en sus manos y clamó por el perdón: "¡Dios, sé propicio a mí, pecador!" (versículo 13).

Jesús resumió la historia diciendo que era el humilde recaudador de impuestos, no el pomposo fariseo, quien fue perdonado por Dios.

LA SANGRE LO CUBRE TODO

Una mujer que había sido condenada a prisión por varios asesinatos estaba sentada en el corredor de la muerte. A medida que se acercaba el momento de su ejecución, le dijo al alcaide: "Quiero convertirme en cristiana, pero no puedo ver cómo la gracia de Dios estaba destinada a un criminal como yo. Mis pecados son demasiado horribles para ser perdonados."

A un creyente se le permitió visitarla y le preguntó al recluso: "¿Alguna vez has estado en la playa?"

"Sí, hace mucho tiempo," respondió ella.

"¿Alguna vez viste esos pequeños agujeros en la arena hechos por las almejas o cangrejos? ¿Y qué pasa con los niños que construyen fuertes con sus cubos y picas, o equipos que mueven la tierra empujando la arena en grandes pilas?"

"Sí, he visto todo eso," respondió el prisionero. "Bueno", preguntó el cristiano, "cuando llega la marea, ¿no lava todo el agua?"

ELLA FUE CAPAZ DE DIRIGIR
EL RECLUSO AL SEÑOR
HACIÉNDOLE SABER QUE
LA SANGRE DE JESÚS ES CAPAZ DE
CUBRIR Y PERDONAR POR COMPLETO
CUALQUIER PECADO, CON RESPECTO A COMO
GRANDE PUEDE TELAR O
QUÉ GRANDE PUEDE SER.

Esta Sangre
ES PARA SU JUSTIFICACIÓN

"Así que, mucho más, habiendo sido ya justificado en su sangre, seremos salvos de la ira por medio de Él."
– ROMANOS 5:9

Hace años, un hombre en Inglaterra puso su Rolls-Royce en un trasbordador y se fue a Francia de vacaciones. Mientras conducía en el continente, le pasó una avería al motor del coche. Así que envió un mensaje urgente a la compañía de autos: "¿Qué sugieres que haga?"

"Quédate donde estás", fue la respuesta. "¡La ayuda está en camino!"

La compañía Rolls-Royce inmediatamente

voló un mecánico sobre quien solucionó el problema, y el reparador regresó a Gran Bretaña.

Como puedes imaginar, el dueño del coche se preguntaba qué tipo de factura recibiría a su regreso a casa. Pero no había ninguna factura esperándole. Así que escribió la compañía y preguntó: "¿Cuánto debo?"

Recibió una carta de vuelta que simplemente decía: "Querido señor, no hay ningún registro en nuestros archivos de que algo salió mal con un Rolls-Royce."

¡Eso es justificación! Espiritualmente hablando, ser justificado es ser pronunciado legalmente justo. Basándose en la sangre derramada de Jesús, se nos imputa este nuevo estatus (véase Romanos 4:11).

Para mirar esto desde la perspectiva del Cielo, cuando Dios mira hacia abajo y ve a un creyente, lo mira a través del sacrificio de Su Hijo y, a Su vista, el cristiano está sin pecado. Como Pablo explica tan acertadamente: "Por lo tanto, como por medio de la ofensa de un hombre [Adán] el juicio vino a todos los hombres, lo que resultó en condenación, aun así a través de un acto justo de un hombre [Cristo], el don gratuito vino a todos los hombres, lo que resultó en la justificación de la vida" (Romanos 5:18).

Sí, nacimos en pecado, pero la justicia por nuestra culpa recayó sobre Jesús, no sobre ti ni sobre mí. Como resultado, no somos juzgados de acuerdo con nuestros errores; en cambio, recibimos misericordia a través de la sangre de la cruz. "Justificados gratuitamente por Su gracia, mediante la redención quien es en Cristo Jesús" (Romanos 3:24).

Debido a la sangre:

- Tenemos una posesión maravillosa: "Justificados, pues, por la fe, tenemos paz para con Dios por medio de nuestro Señor Jesucristo." (Romanos 5:1).

- Tenemos una posición maravillosa:"... entrada por la fe a esta gracia en la cual estamos firme" (versículo 2).

- Tenemos un potencial maravilloso—"... [nos regocijamos] con la esperanza de la gloria de Dios" (versículo 2).

¡Aleluya por la sangre!

Esta Sangre
ES PARA SU SANTIFICACIÓN

"Por lo cual también Jesús, para santificar al pueblo mediante Su propia sangre, padeció fuera de la puerta.
– HEBREOS 13:12

La palabra "sanctificación" deriva de una palabra griega que significa ser "separada" o "separada."

Encontramos muchos ejemplos de esto en el Antiguo Testamento. Por ejemplo, Dios santificó el día de reposo como un día de descanso (Génesis 2:3). Y en el desierto, "apartó" el tabernáculo: "Allí me reuniré con los hijos de Israel; y el lugar será santificado con Mi gloria" (Éxodo 29:43).

En el momento en que naces de nuevo, comienza un proceso que te paraliza de tu "viejo yo"y te conforma a la imagen de Dios. Esto los establece en un camino para cumplir Su propósito divino: de aquí a la eternidad. La Escritura nos dice lo que la sangre de Cristo logra: "Porque con una sola ofrenda ha hecho perfectos para siempre a los que son santificados" (Hebreos 10:14).

A menudo me han preguntado, "Tommy, ¿cuál es la diferencia entre la salvación y la santificación?" La salvación salva tu alma; La santificación te separa del mundo y te permite vivir la vida cristiana.

Seamos sinceros; cuando nacemos de nuevo y nos comprometemos con Cristo, el diablo pone un blanco sobre nuestras espaldas. Como resultado, hay una tira y jala de guerra en nuestros corazones y mentes entre nuestro viejo yo pecaminoso y nuestra nueva naturaleza espiritual. Esto es a lo que se refirió el apóstol Pablo cuando escribió: "Porque el deseo de la carne es contra el Espíritu y el del Espíritu es contra la carne; y éstos se oponen entre sí, para que no hagáis lo que querrías" (Gálatas 5:17).

Aquí es donde entra en juego la santificación. A través de la obra del Espíritu Santo, produce un cambio en la forma en que vivimos.

- Si es fumador, deje de fumar.
- Si usted es alcohólico, deje de beber.
- Si eres un adúltero, dejas de ser infiel.

Dios sabía que no podías vivir una vida justa y santa por tu cuenta. Por eso envió a Su Hijo, para que pudiéramos ser santificados por la sangre de Jesús. No podemos hacerlo solos. Lo hace por nosotros.

¿Tendrás tentaciones? Te lo garantizo. Mientras haya un diablo merodeando la tierra te enfrentarás a sus trampas y asechanzas. Pero cuando la santificación se arraiga en tu hombre interior, tu respuesta a Satanás podría sorprenderte.

Cuando te enfrentes a uno de tus viejos pecados o hábitos, te dirás a ti mismo: "¡Wow! Eso ni siquiera parecía tentador. Déjame decirte lo que ha pasado. Fuiste detenido en vuestros caminos por la obra santificadora del Espíritu Santo.

La Escritura nos dice: Para que Jesús "para santificar al pueblo mediante Su propia sangre, padeció fuera de la puerta" (Hebreos 13:12).

Es significativo que la crucifixión de Jesús no tuvo lugar dentro de los muros de Jerusalén, ni siquiera en el altar del Templo, donde se hicieron casi todos los demás sacrificios.

Sin embargo, hay un sacrificio que se llevó a cabo fuera del Templo y lejos de la ciudad: la ofrenda del pecado. Esto nos muestra cuánto pecado fue detestado por el Todopoderoso.

Gólgota, "el lugar del cráneo," elegido por los romanos como lugar para la crucifixión, fue donde vivían los pobres, los parias y los leprosos "no limpios." No importa en qué condición exista un hombre o una mujer, incluso si está "fuera de la puerta" Jesús llevará fielmente Su cruz manchada de sangre para encontrarlos. Vino "a buscar y a salvar lo que se había perdido" (Lucas 19:10).

Es glorioso saber que, independientemente de tu origen o estatus social, cuando te arrepientes de tus pecados, no solo eres redimido, sino que también estás apartado para la obra del Reino.

Esta Sangre
ES PARA SU EXPIACIÓN

**Somos redimidos por Cristo
"a quien Dios puso como propiciación
Por medio de la fe en Su sangre..."**
– ROMANOS 3:25

En una clase de la Escuela Dominical secundaria, cuando el maestro leyó este versículo en voz alta, un joven levantó la mano y preguntó: "¿Qué significa 'propitiación'?" El maestro pensó por un momento, y luego respondió: "Bueno, digamos que tu mamá se fue de la ciudad y te pidió que resgaras las plantas de su casa. No lo hiciste y todas las plantas murieron. Así que, para compensar tu error, le hiciste a tu mamá un plato de galletas. Eso es propiciación."

Como se usa en la Biblia, significa una cobertura para los pecados de la humanidad, proporcionando satisfacción para nuestras ofensas. Dios hizo esto posible cuando permitió que Su Hijo muriera en la cruz para expiar nuestros pecados.

En nuestra nación tenemos normas y regulaciones aprobadas por el gobierno que llamamos "la ley." Si alguien rompe una de estas ordenanzas, hay un sistema judicial que requiere una decisión de culpabilidad o inocencia por cualquier delito que se haya cometido. De hecho, las leyes federales y estatales establecen que ciertos delitos deben ser castigados con sanciones específicas. La diferencia entre la justicia de Dios y la del hombre es que el Todopoderoso trata a todos los pecados por igual, y debe ser reivindicado. Esto significa que el precio por violar Sus leyes, grandes o pequeñas, debe estar de alguna manera totalmente satisfecho.

¿Cuál es la pena que Dios exige? Muerte. Eso suena duro, pero nuestro Padre celestial nos ama tanto que encontró una manera de liberarnos de la sentencia de muerte. Descubrimos la respuesta en el hecho de que Dios proporcionó un sustituto de nuestro castigo. Somos redimidos por Cristo "a quien Dios puso como propiciación por medio de la fe en Su sangre" (Romanos 3:25). Su sangre se atona por todos nuestros pecados.

Podemos tratar profusamente de ofrecer disculpas por nuestras acciones y compensar nuestras fechorías, pero Cristo Jesús es el único sacrificio que Dios acepta para pagar los pecados que hemos cometido. La sangre que derramó en el Calvario es el único medio posible de eliminar la ira de Dios hacia los pecadores.

Este acto de expiación era para ustedes, pero está disponible para cualquier hombre, mujer o joven que acepte a Cristo por fe. Como está escrito: "Y Él es la propiciación por nuestros pecados; y no solamente por los nuestros, sino también por los de todo el mundo" (1 Juan 2:2).

Cientos de años antes de que Cristo viniera a la tierra, el profeta Isaías describió en detalle lo que algún día sucedería. Escribió: "Con todo eso, Jehová quiso quebrantarlo sujetándole a padecimiento. Cuando haya puesto su vida en expiación por el pecado, verá descendencia, vivirá por largos días y lo que plazca a Jehová se cumplirá por su mano. Verá el fruto de la aflicción de su alma, y quedará satisfecho; por su conocimiento justificará mi siervo justo a muchos, y llevará las iniquidades de ellos" (Isaías 53:10-11).

Este fue el acto último del amor y el favor de Dios para ti y para mí: "Aquí está el amor, no que amamos a Dios, sino que nos amó, y envió a su Hijo a ser la propiciación de nuestros pecados" (1 Juan 4:10).

Un nuevo converso una vez me preguntó: "Desde que estoy salvado, ¿significa esto que nunca pecaré?" Desearía que esto fuera cierto, pero mientras estemos en este mundo tendremos nuestra antigua naturaleza adánica, y estará con nosotros hasta que recibamos nuestros cuerpos glorificados en el cielo. Todos somos pecadores salvados por la gracia, pero en nuestro paseo cristiano estamos siendo perfeccionados día a día y el pecado ya no nos controla.

Recuerden que la razón por la que Cristo murió fue para darles vida, "y la misma sangre hará expiación de la persona" (Levítico 17:11). Sabemos que el pago del pecado es muerte (Romanos 6:23), pero debido a la sangre, "Sorbida es la muerte con victoria" (1 Corintios 15:54). Por eso podemos gritar: "Pero gracias sean dadas a Dios, que nos da la victoria por medio de nuestro Señor Jesucristo" (versículo 57).

¡Estoy agradecido por la obra expiatoria del Hijo de Dios!

Esta Sangre
ES PARA SU JUSTICIA

"Llevó él mismo nuestros pecados en su cuerpo sobre el madero, para que nosotros, muriendo a los pecados, vivamos para la justicia."

– 1 PEDRO 2:24

En términos seculares, la rectitud significa hacer lo correcto. Pero espiritualmente, implica mucho más, incluso estar de pie con Dios.

En la salvación, llegamos a ser justos a los ojos de nuestro Padre celestial y podemos acercarnos a Su trono sin condenación ni culpa.

Nunca olvidemos que la razón por la que Dios hizo que Jesús (que no tenía pecado) llegara a ser pecado para nosotros, es "para que nosotros fuésemos hechos justicia de Dios en él" (2 Corintios 5:21).

Jesús nunca cometió ninguna intrusión, ni una. Pero fue enviado del Cielo para convertirse en nuestro pecado. La razón por la que tomó nuestra iniquidad fue para darnos el derecho de pie con el Padre. No es que tú y yo estemos sin culpa, pero cuando pedimos la sangre de Cristo para limpiarnos, el Todopoderoso nos pronuncia que somos justos.

LO DECLARÓ ¡ESTA ESTABLECIDO!

Como seres mortales y carnales, es casi imposible para nosotros comprender el concepto de estar al mismo tiempo con Dios. Muchos dudan de que califican porque conocen muy bien sus fragilidades, fallas y fracasos. Deténgase por un momento y considere esto: Si Dios ha declarado que usted es la justicia de Él en Jesucristo, ¿quién es usted para discutir? Después de todo, "Dios no es un hombre, para que mienta" (Números 23:19).

Cuando la sangre de Cristo se aplica a tu vida, la retención del pecado se rompe. A partir de ese momento, "presentaos vosotros mismos a Dios como vivos de entre los muertos, y vuestros miembros a Dios como instrumentos de justicia. Porque el pecado no se enseñoreará de vosotros; pues no estáis bajo la ley, sino bajo la gracia" (Romanos 6:13-14).

A MEDIDA QUE EMPIEZAS A ENTENDER ESTO, EN LUGAR DE SER CONSCIENTE DE LA CULPA, TE VUELVES CONSCIENTE DE LA RECTITUD.

Se ha dicho muchas veces de muchas maneras que nos convertimos en lo que pensamos. Esto es cierto. Cuanto más nos centramos en nuestras debilidades, más levantan sus feas cabezas. Se atrincheran tanto que nos resulta difícil liberarnos de ellos. Es por eso que debemos centrar nuestros pensamientos en lo que Dios ha proporcionado.

Si profesas ser cristiano, tienes derecho a decir,

"Yo soy justo," ambos son iguales. Según la obra de la cruz, no puedes ser creyente sin ser justo, y no puedes ser justo sin ser creyente.

Hoy, caminad con valentía en lo que Dios ha declarado.

Esta Sangre
ES PARA SU SANACIÓN

"Mas él fue herido por nuestras trans-
gresiones, molido por nuestros pecados;
el castigo de nuestra paz fue sobre él,
y por Sus llagas fuimos nosotros curados."
— *ISAÍAS 53:5*

A la edad de diez años a finales de la década de 1950, estaba en una habitación de hospital de Birmingham, Alabama, sufriendo con hepatitis C con ictericia amarilla. Había infectado mi hígado, que estaba peligrosamente hinchado y a punto de estallar. Los médicos le decían a mi familia: "Su hígado está destruido, y probablemente vivirá de cinco a ocho días más como máximo."

Un domingo por la mañana alrededor de las

9:00 AM, mi madre, Josephine, y mi tía encendieron la televisión en la sala del hospital y estaban viendo el programa de Oral Roberts, "La Hora de La Sanación."

En un momento de la transmisión, Roberts dijo: "Te voy a pedir que toques la televisión si es posible. Si no, extiende tu mano hacia la pantalla como punto de contacto mientras rezo por tu sanación."

Bueno, mi madre se acercó y tocó la pantalla de televisión con una mano, mientras que la otra mano descansaba sobre mi estómago. Luego pronunció estas palabras: "Dios, sana a mi hijo y yo te lo daré."

Instantáneamente, no en un minuto, ni en la semana que viene ni el mes que viene, el poder de Dios entró en la habitación. Todavía puedo verlo en mi visión. Era como la luz iluminando una niebla, y de pie en el medio de la luz estaba Jesús. El poder era tan tangible que literalmente tiró a mi madre y a mi tía al suelo.

Los médicos y asistentes de la estación de enfermería vieron la luz brillante que se reflejaba en mi habitación y corrieron por el pasillo para ver lo que estaba sucediendo. ¡El poder de Dios era tan fuerte que un ordenado se apresuró con un extinguidor! ¡No sabían qué pensar cuando vieron a mi madre y a mi tía tumbados en el suelo como si hubieran sido noqueados.

El poder de Dios descendió ese día hasta tal punto que yo estaba completamente curado. Cuando los médicos pidieron pruebas esa tarde, se quedaron sin palabras para descubrir que no tenía absolutamente signos de enfermedad en mi cuerpo. Ni siquiera había un residuo de hepatitis C en mi sangre. Yo era un joven nuevo, ¡totalmente curado!

EL TRABAJO YA SE HA HECHO

Hace miles de años, en el desierto, los hijos de Israel comenzaron a quejarse y quejarse contra Dios y Moisés. Así que el Señor envió serpientes entre el pueblo descontento; muchos fueron mordidos y murieron.

Entonces Dios instruyó a Moisés: "Hazte una serpiente de bronce refulgente, y ponla sobre un asta; y cualquiera que haya sido mordido y mire a ella, vivirá" (Números 21:8).

Moisés hizo lo que el Señor mandó y los que miraron el poste con la serpiente unida fueron sanados.

Esto es profético porque Jesús se convirtió en pecado en la cruz (un poste o un árbol).

LLEVÓ NUESTROS PECADOS, Y LOS LATIGAZOS QUE SUFRIÓ PROPORCIONAN NUESTRA CURACIÓN.

Algunos preguntan: "¿No es la enfermedad una maldición?" Puede ser, pero "Cristo nos redimió de la maldición de la ley, habiéndose hecho maldición por nosotros" (Gálatas 3:13).

También he oído a hombres y mujeres confesar: "No creo que sea la voluntad de Dios sanarme."

Los que oran, "Si es tu voluntad," cancelan la Palabra. No hay "sí." La Escritura es la revelación de la voluntad de Dios y, cuando promete sanación, eso es exactamente lo que proporciona.

La fe se basa en su conocimiento del deseo de Dios, y la obra de sanación se realiza cuando su voluntad se encuentra con la suya. Sigue reclamando esta promesa: "Si permanecéis en Mí, y Mis palabras permanecen en vosotros, pedid todo lo que queráis, y os será hecho" (Juan 15:7).

Debido a la sangre de Jesús, la curación no es un mito. ¡Es tuyo! La Palabra de Dios es verdadera: "... Por Sus llagas fuimos nosotros curados" (Isaías 53:5).

¡El trabajo ya está hecho! Jesús "llevó él mismo nuestros pecados en Su cuerpo sobre el madero, para que nosotros, muriendo a los pecados, vivamos para la justicia; y por cuya herida fuisteis sanados" (1 Pedro 2:24).

La Escritura no dice que "podríamos ser" sanados algún día, sino que "fuimos" y "estamos" sanados.

¡Por fe, reclama tu milagro hoy!

Esta Sangre
ES PARA SU LIBERACIÓN

"El cual nos ha librado de la potestad de las tinieblas, y trasladado al reino de su amado Hijo, en quien tenemos redención por medio de su sangre el perdón de pecados."
– COLOSENSES 1:13-14

Uno de los primeros viajes de misión que hice fue a la Zona del Canal de Panamá. Mientras estaba allí me invitaron a hablar en una iglesia en una zona rural fuera de la ciudad principal. Era diferente a cualquier iglesia que hubiera visto. No había paredes laterales ni entrada, sólo un telón de fondo alto que había sido construido detrás del púlpito en un pedazo plano de tierra.

La gente entraba desde todas las direcciones,

así como los perros y pollos que deambulaban por el santuario al aire libre.

Fue un servicio maravilloso, y muchos respondieron al mensaje de Cristo. Al final de la reunión, dije: "Si hay alguien aquí que quiera que ore por tu curación, por favor, adelante." Muchos caminaron hacia el frente y formaron una larga fila.

La primera mujer por la que oré me dijo a través del intérprete: "Tengo una úlcera sangrante." En el momento en que puse mis manos sobre ella, el Espíritu de Dios era tan fuerte que cayó postrada en el suelo.

Entonces, cuando comencé a orar por la segunda persona en la fila, la primera mujer se puso de pie y corrió a la esquina de la iglesia y comenzó a vomitar. Ella escupió la úlcera de su boca y comenzó a gritar: "¡Estoy curada! ¡Estoy curada!"

Cuando la tercera mujer se puso delante de mí, cuando comencé a poner mis manos sobre su cabeza, ella me apartó. De repente, miré sus ojos y las pupilas literalmente retrocedieron en su cabeza-no había nada más que mostrando blanco. Lo que hizo después nunca me ha pasado antes o después: ella escupió una bilis verde horrible justo en mi camisa y comenzó a rascarme! Mientras atacaba, algunos hombres de la iglesia se apresuraron a alejar a la mujer. Rápidamente les dije: "Por favor, encuentra un poco de aceite de unción." Lo hicieron, mientras ella continuaba luchando con la fuerza de un hombre. Rápidamente le puse un poco de aceite en la frente y, con santa audacia y urgencia, declaró: "¡En el nombre de Jesús y por el poder de la sangre del Cordero, tu espíritu asqueroso sale de ella ahora mismo!" En un segundo, así como así, la mujer cojeó. La levantamos y la sentamos en una silla. Le dije: "Dime, ¿qué te pasa?"

La mujer, ahora tranquila, respondió: "Mi madre era una bruja, y me puso un hechizo que he tenido durante 30 años."

Entonces ella estalló con una gran sonrisa: "Esta es la primera vez que sentí que todo eso se ha ido de mí. ¡Se ha ido!" Levantó las manos y comenzó a alabar al Señor. "¡Estoy libre!" exclamó, "¡Estoy libre!"

No se equivoquen; estamos en guerra! Se está

librando un conflicto espiritual. El gran engaña-dor, satanás, utiliza todos los engaños imaginables para ganar dominio sobre tu mente para que pueda controlar tu alma. La Escritura dice: "Porque no tenemos lucha contra sangre y carne, sino contra principados, contra potestades, contra los dominadores de este mundo de tinieblas, contra huestes espirituales de maldad en las regiones celestes" (Efesios 6:12). El diablo quiere encerrarte en una prisión y tirar la llave. Pero, gracias a Dios, la liberación está disponible.

La sangre de Cristo no sólo fue derramada por vuestra sanación, sino para vuestra liberación. Jesús anunció: "El Espíritu del Señor está sobre Mí, por lo cual me ungió para predicar el Evangelio a los pobres; Me ha enviado a sanar a los quebrantados de corazón, a proclamar liberación a los cautivos, y recuperación de la vista a los ciegos; a poner en libertad a los oprimidos" (Lucas 4:18).

Independientemente de lo que confina o encadena a un hombre o una mujer (depresión, fobias, alcohol, narcóticos o espíritus demoníacos), hay liberación en Cristo. ¡Por Sus llagas podemos ser liberados!

Esta Sangre
ES PARA SU PROTECCIÓN

"Por la fe, celebro [Moisés] la Pascua y la aspersión de la sangre, para que el exterminador de los primogénitos no los tocase a ellos."
– HEBREOS 11:28

Aquellos que ven nuestro programa de televisión me ven como alguien que proclama a Cristo y ora por las necesidades de las personas dondequiera que estén. Pero muchos se sorprenden al saber que no soy un pastor de tiempo completo, sino un laico con una llamada de Dios sobre mi vida.

He estado en el negocio de seguros durante muchos años y dirijo una agencia activa que supervisa cientos de pólizas.

Prácticamente todos los días hablo con personas que buscan una cosa: protección:

- Protección en caso de accidente automovilístico.

- Protección de viviendas y bienes personales.

- Protección de las familias en caso de muerte.

- Protección contra una discapacidad.

- Protección contra costos médicos inesperados —y mucho más.

Afrontémoslo. Todos los hombres o mujeres vivos quieren sentirse seguros. Es por eso que hay estándares de seguridad para automóviles, inspecciones de alimentos en restaurantes, sistemas de alarma para nuestros hogares y policías patrullando nuestras calles, por no mencionar la Seguridad Nacional de nuestro gobierno y el Departamento de Defensa.

Soy un firme creyente de que debemos tomar todas las precauciones, pero nunca debemos, nunca, para obtener la fuente de nuestra verdadera protección. Si abres tu Biblia, encontrarás: "Jehová te guardará de todo mal; Él guardará tu alma. Jehová guardará tu salida y tu entrada" (Salmos 121:7-8).

Podrán decir con confianza: "Jehová es mi roca y mi fortaleza, y mi libertador; Dios mío, fortaleza mía, en él confiaré; Mi escudo, y el fuerte de mi salvación, mi alto refugio; Salvador mío" (2 Samuel 22:2-3).

¡Esa es la mejor política que jamás encontrarás!

PLEGAR LA SANGRE

A través de los años, he estado en más reuniones de oración de las que puedo contar, en las iglesias, en los hogares y uno a uno. En mi observación, la mayoría de los creyentes son bastante tímidos cuando se trata de llamar a Dios. Es como si estuvieran entrometidos en su Padre celestial haciendo una petición.

Bueno, mi Biblia me dice que "Acerquémonos, confiadamente al trono de la gracia, para alcanzar misericordia...para el oportuno socorro" (Hebreos 4:16).

¿Has oído alguna vez el término "plegar la sangre"? Rara vez escucho esas palabras cuando alguien ora, pero eso es lo que debemos hacer para recibir respuestas del Cielo. Es la sangre de Cristo la que te proporciona tu protección, incluso antes de que Satanás te tenga en su retículo.

UNA COBERTURA PARA TU HOGAR

El poder protector de la sangre es tan eficaz hoy como lo fue durante las plagas en Egipto, cuando Dios les dijo a los judíos que espolvorearan la sangre de un cordero en sus postes para que se salvaran cuando el ángel de la muerte viniera a matar al primogénito en cada hogar (Éxodo 12).

Fue "por fe" que Moisés "celebró la Pascua y la aspersión de la sangre" (Hebreos 11:28).

Los israelitas creyeron lo que Dios le dijo a Moisés. Actuaron sobre ella y se salvaron del daño.

Hoy en día, nuestros hogares necesitan estar "cubiertos por la sangre." Por eso animo a la gente a unción de los postes de sus puertas para mantener al enemigo en línea. Nunca dude en "suplicar la sangre" sobre su morada y los que ama. Dios promete Su seguridad y protección.

Esta Sangre
LIMPIA SU CONSCIENCIA

"¿Cuánto más la sangre de Cristo, el cual mediante el Espíritu eterno se ofreció a sí mismo sin mancha a Dios, purificará vuestras conciencias de obras muertas para que sirváis al Dios vivo?"
– HEBREOS 9:14

Millones están llenos de culpa. Podría ser de un pecado secreto que cometieron hace años o decir algo la semana pasada que ahora se arrepienten profundamente.

Un veterano de Vietnam, mirando hacia atrás en su vida, recordó la época "Estábamos en una batalla feroz y tuve la oportunidad de salvar la vida de un compañero soldado y no lo hice. Me ha perseguido desde ese día hasta este."

Como niños, hay una brújula moral inculcada en cada uno de nosotros que nos permite saber el bien del mal, y permanece con nosotros toda nuestra vida. Cuando nos alejamos de nuestros valores, hay una sensación incómoda que es difícil de explicar. Nuestra conciencia empieza a molestarnos.

Para muchos, la culpa por alguna acción comienza a pesar en nuestras mentes hasta que el tormento resulta no sólo en angustia mental, sino en enfermedades emocionales y físicas.

El versículo anterior incluye una declaración asombrosa. Nos dice que la sangre de Cristo "limpia vuestra conciencia."

Esa es una gran diferencia con los sacrificios de animales que leímos en el viejo Pacto. Si bien los rituales eran necesarios y ordenados por Dios, se les ofreció expiar los pecados de la carne, que son externos. Lo que no pudieron lograr era la purificación del alma y la mente.

Fue sólo cuando la corriente carmesí fluyó del Calvario, y lo aceptamos por la fe, que tanto nuestros pecados externos como internos fueron limpios. Recuerda, "... la sangre de Jesucristo... nos limpia de todo pecado" (1 Juan 1:7). ¡No alguno, pero TODO!

El Señor hizo lo que fue enviado desde el Cielo para lograr, pero también hay un requisito de nuestra parte. Esto significa arrepentirnos de nuestras transgresiones. "Si confesamos nuestros pecados, él es fiel y justo para perdonarnos nuestros pecados y limpiarnos de toda iniquidad." (versículo 9). Ahí está esa palabra otra vez: todos.

Por favor tomen nota del hecho de que la sangre de Cristo limpia nuestra conciencia "de obras muertas" (Hebreos 9:14). Estas son hechos basados en nuestros propios esfuerzos, nuestros infructuosos intentos de ganar recompensas celestiales por medios terrenales. Pero las "obras de la carne" nunca pueden satisfacer y traer amor, gozo y paz, ni ninguno de los "frutos del Espíritu" (Gálatas 5:22-23).

Alguien describió nuestra conciencia como una ventana, con la Palabra de Dios como la luz que brilla a través del cristal. El punto es este: cuanto más sucio sea la ventana, menos luz se filtra a través.

He conocido a aquellos que vienen a un altar de salvación llorando y contrito, pero continúan en comportamientos que saben que están equivocados. Luego entran en un ciclo de pecado y pidiendo al Señor Su perdón, una y otra vez. Después de un tiempo se cansan de hablar con Dios sobre el mismo problema de siempre, por lo que ignoran el tema. Con el tiempo, su conciencia se vuelve "chamuscado," y el vidrio es tan oscuro que la Palabra difícilmente puede penetrar en su corazón. Como resultado, su comportamiento ya no se guía por su creencia.

Pablo habló sobre el peligro de esto en una de sus cartas al joven Timoteo. Habló de personas "teniendo cauterizada la conciencia" (1 Timoteo 4:2).

Por favor, no permitas que las tentaciones de la sociedad y el tirón de tus amigos no salvados te guíen por un camino de destrucción. Por eso se nos dice: "No os adaptéis a las formas de este mundo, sino transformaos por medio de la renovación de vuestra mente, para que comprobéis cuál es la voluntad de Dios; lo bueno, lo que le agrada, y lo perfecto" (Romanos 12:2).

La respuesta para una mente perturbada no se encuentra en los libros populares de autoayuda o en las teorías de algún nuevo gurú de la Era.

LA ÚNICA SOLUCIÓN ES
PEDIR QUE LA SANGRE DE JESÚS
NO SOLO LIMPIE SU CORAZÓN,
SINO QUE TAMBIÉN TRANSFORME
SU VIDA DEL PENSAMIENTO.

Esto es posible cuando nos comprometemos totalmente a derribar las fortalezas del enemigo y a "llevando cautivo todo pensamiento a la obediencia a Cristo" (2 Corintios 10:5).

Deja que la sangre de Jesús limpie tu conciencia y te dé la paz perfecta.

Esta Sangre
TE HACE COMPLETO

"Y el Dios de paz que resucitó de los muertos a nuestro Señor Jesucristo, el gran pastor de las ovejas, en virtud de la sangre del pacto eterno, os haga aptos en toda obra buena para que hagáis su voluntad, haciendo él en vosotros lo que es agradable delante de él por medio de Jesucristo; al cual sea la gloria por los siglos de los siglos. Amén.
– HEBREOS 13:20-21

El fundador de La Clase Bíblica de Radio y el devocional Nuestro Pan Diario, R. H. DeHaan, también fue un médico con licencia. Hizo esta declaración: "La sangre que fluye en las arterias y venas del feto no se deriva de la madre, sino que se produce dentro del cuerpo del propio feto sólo después de la introducción del esperma masculino."

La única manera en que Jesús podía ser un hombre sin pecado era no tener la sangre de Adán —o de ningún hombre—surgiendo por Sus venas. Por eso fue concebido del Espíritu Santo.

La sangre de Jesús vino directamente de Dios: "Porque en él habita corporalmente toda la plenitud de la Deidad, y vosotros estáis completos en él" (Colosenses 2:9-10).

ES TODO LO QUE NECESITAS

Cuando la Biblia habla de la "plenitud" que recibimos en la salvación, simplemente significa que la obra salvadora del Señor en nosotros se ha realizado. El apóstol Pablo oró para que "seáis llenados hasta toda la plenitud de Dios" (Efesios 3:19).

Tú y yo nunca podremos estar completos sin la sangre de Cristo. Debido a esta unión vital:

- ¡Tenemos alegría! Jesús oró "que mi gozo esté en vosotros y vuestro gozo sea cumplido" (Juan 15:11).

- ¡Tenemos esperanza! "Señor Jesucristo nuestra esperanza" (1 Timoteo 1:1).

- ¡Tenemos paz! "Porque él mismo es nuestra paz" (Efesios 2:14).

¿Qué más podríamos necesitar?

Si nos dejan a nuestros propios dispositivos, somos una concha vacía con el residuo del pecado y de sí mismo —"desventurado, miserable, pobre, ciego y desnudo" (Apocalipsis 3:17). Pero "en virtud de la sangre del pacto eterno, [somos] aptos" (Hebreos 13:20-21).

Qué emoción saber que "Y poderoso es Dios para hacer que abunde en vosotros toda gracia, a fin de que, teniendo siempre en todas las cosas todo lo suficiente, abundéis para toda buena obra" (2 Corintios 9:8).

Con un corazón lleno de elogios, puedo cantar: "Es todo lo que necesito, todo lo que necesito. Jesús es todo lo que necesito."

Esta Sangre
PAGÓ EL PRECIO
PARA SU LIBERTAD

"Porque habéis sido comprados por precio; glorificad, pues, a Dios en vuestro cuerpo y en vuestro espíritu, los cuales son de Dios."
– 1 CORINTHIANS 6:20

Cuando compramos una casa, un auto nuevo o una computadora, escribimos un cheque, pagamos en efectivo o lo ponemos a crédito.

Sin embargo, la mayor transacción jamás realizada no involucró billetes bancarios ni dólares. ¡Se pagó con sangre! "Como el Hijo del Hombre no vino para ser servido, sino para servir, y para dar Su vida en rescate por muchos" (Mateo 20:28).

Una vez fuimos esclavos del pecado y bajo el poder de Satán, pero Cristo nos redimió de las penas de la ley (Gálatas 3:13).

La pena de la ira de Dios sobre nuestros pecados fue comunicada a través del sufrimiento de Cristo. Como encontramos en 1 Pedro 1:18-19: "Fuisteis rescatados no con cosas corruptibles, como oro o plata ... pero con la preciosa sangre de Cristo."

Qué precio pagó Cristo.

Me encanta cómo el famoso predicador de Texas, W. A. Criswell lo expresó: "Cada vez que ves un olivo, bajo esos olivos, el Salvador oró y Su sudor como grandes gotas de sangre engrumecidas que caían sobre la tierra (Lucas 22:44). Cada vez que se ve un pavimento de mármol, en un pavimento como ese fue azotado por los soldados romanos.

Continúa: "Cada vez que ves un árbol de espinas, de esas espinas se hizo la corona y se apretó sobre Su frente. Cada vez que ves un pedazo de hierro, de la plancha se hizo un clavo que perforó Sus manos y Sus pies. Cada vez que ves un instrumento de batalla, una lanza romana fue empujada a Su costado (Juan 19:34). Cada vez que ves madera, en la madera el Señor era crucificado, clavado en la cruz."

Estos emblemas de Su sufrimiento representan el precio que pagó para redimirnos.

USTED NO ES SU PROPIO

Esta compra no se hizo por sacrificio de toros o cabras, "sino por medio de su propia sangre, entró una vez para siempre en el santuario, habiendo obtenido eterna redención" (Hebreos 9:12).

Debido a lo que ocurrió hace 2,000 años en el Gólgota, "vuestro cuerpo es santuario del Espíritu Santo, el cual está en vosotros, el cual tenéis de Dios, y que no sois vuestros (1 Corintios 6:19).

Lo que sea que haya logrado, sin embargo, puede describirse a sí mismo, como estudiante, ama de casa, maestro, médico o abogado, tiene un significado para lo que es verdaderamente importante.

Como creyente comprado con sangre, no eres tuyo; ¡Perteneces a Cristo!

Esta Sangre
ROMPE LA MALDICIÓN

"Cristo nos redimió de la maldición de la ley, habiéndose hecho maldición por nosotros (porque está escrito: Maldito todo el que es colgado en un madero), para que en Cristo Jesús la bendición de Abraham alcanzase a los gentiles, a fin de que por medio de la fe re-cibiésemos la promesa del Espíritu."
– GALATIANS 3:13-14

En el antiguo pacto, a los hijos de Israel se les dio una terrible advertencia de lo que sucedería si desobedecieran los mandamientos y estatutos que Dios entregó al pueblo por medio de Moisés.

Deuteronomio 28 contiene una larga lista de detalles para lo que se llama "La maldición de la ley." Estos incluyen la maldición de Dios en la ciudad, en el campo, en sus cultivos, niños, tierra, ganado, ¡y eso es solo el comienzo! Fueron amonestado: "Maldito serás en tu entrar, y maldito en tu salir" (versículo 19).

Después de escuchar esto, uno pensaría que los israelitas se habrían detenido en sus huellas y nunca habrían cometido otro pecado contra Dios a partir de ese momento. Pero cuando leas lo que pasó después, entenderás por qué pasaron 40 años vagando por el desierto. Se rebelaron contra el líder escogido de Dios, Moisés, construyeron ídolos dorados y culparon a Jehová por todos sus problemas autoinducidos.

Incluso después de que se dio la ley escrita, el pueblo continuó por el camino del pecado. Esto prueba que el hombre es totalmente incapaz de alcanzar la justicia por sus propias acciones.

Sin embargo, la ley era necesaria. Estableció un estándar moral y construyó un puente para las generaciones entre Moisés y el Mesías.

DECIR ADIÓS A LA LEY

Antes de que se dictaran los mandamientos, la primera maldición que vino sobre la humanidad fue la de la muerte espiritual. Tuvo lugar en el Jardín del Edén cuando Dios mandó a Adán: "Del árbol de la ciencia del bien y del mal no comerás; porque en el día que de él comieres, ciertamente morirás" (Génesis 2:17).

Su desobediencia de comer la fruta prohibida no resultó en una muerte física desde Génesis 5:5 nos dice que Adán vivió 930 años. Pero en verdad mató su espíritu, separándolo de Dios. Fue entonces cuando el hombre se dio cuenta del pecado y la muerte.

Fue más tarde que las maldiciones fueron enumeradas como castigo por desobedecer la ley dada desde el cielo. La sentencia de muerte espiritual no fue satisfecha hasta que Jesús fue enviado a la tierra y clavado en la cruz. Como nos dice la Palabra de Dios, "Pues si por la transgresión de uno solo, por ese uno reino la muerte, mucho más reinarán en vida por uno solo, Jesucristo, los que reciben la abundancia de la gracia y del don de la justicia" (Romanos 5:17).

Mientras que la paga del pecado es muerte, también sabemos que, por medio de la sangre de Cristo, "el pecado no se enseñoreará de vosotros; pues no estáis bajo la ley, sino bajo la gracia" (Romanos 6:14).

LAS LEYES DEL ANTIGUO PACTO SIRVEN PARA RECORDARNOS QUE HOY, A CAUSA DE LA SANGRE DE CRISTO, DIOS ACEPTA LAS PERSONAS SOBRE LA BASE DE SU FAITH, NO POR NINGÚN ESFUERZO HUMANO.

"Porque por gracia habéis sido salvados por medio de la fe; y esto no proviene de vosotros, pues es don de Dios; no a base de obras, para que nadie se gloríe" (Efesios 2:8-9).

Si hubiera alguna ley u ordenanza que pudiera hacernos bien con nuestro Creador, Dios lo habría planeado de esa manera. Pero no lo hizo. El problema con la ley es que no crea vida; en cambio, es un bastón de medición para la censura y la condena.

MÁS ALLÁ DE LAS REGLAS Y REGULACIONES

Cuando se pregunta a la gente: "¿Crees que vas al cielo?" muchos responden: "Bueno, yo vivo una buena vida y trato de obedecer los Diez Mandamientos."

Desafortunadamente, obedecer las reglas y regulaciones no es suficiente. Todos pecan y se quedan corto de lo que requiere la ley, así que no es así como entramos en el reino de Dios.

Sólo hay camino hacia la salvación: "Que, si confiesas con tu boca, que Jesús es el Señor, y crees en tu corazón que Dios le levanto de los muertos, serás salvo" (Romanos 10:9).

¡Tu Padre celestial ha hecho un camino para que seas liberado de la maldición de la ley!

Esta Sangre
LE LLEVA CERCA DE DIOS

"Pero ahora en Cristo Jesús, vosotros que en otro tiempo estabais lejos, habéis sido hechos cercanos por la sangre de Cristo.

– EFESIOS 2:13

Ronald Reagan, el 40º Presidente de los Estados Unidos, será recordado por muchas cosas, pero una declaración que hizo en Berlín, Alemania, el 12 de junio de 1987, pasará a la historia.

De pie ante 45,000 personas en la Puerta de Brandeburgo que dividió a Alemania Oriental desde Occidente, Reagan dirigió estas palabras al líder de la Unión Soviética: "¡Señor Gorbachov, derribe este muro!"

Dos años más tarde, ese muro se vino abajo. La barricada que separaba el Este del Oeste ya no existía.

Hoy en día, las naciones siguen luchando contra problemas similares. Existen barreras físicas y psicológicas que separan culturas, idiomas, razas, religiones y economías.

Volvamos en el tiempo hasta cuando Jesús caminó por esta tierra. En el Israel de Su época también había un gran obstáculo que superar. No era un muro de piedra, sino uno construido de animosidad e intolerancia. Esta barrera había dividido a los judíos y a los gentiles durante siglos.

Desde la época de Abraham, fue la circuncisión la que distinguió a los judíos de los gentiles. Dios prometió a Abraham que Israel llegaría a ser una gran nación y que la circuncisión "por señal del pacto entre mí y vosotros" (Génesis 17:11). Así que cada niño varón, cuando tenía ocho días de edad, fue sometido a este rito.

A través de los siglos, los judíos se enorgullecieron tanto de su raza que su odio hacia los gentiles no conocía límites. Por ejemplo, en algunos casos, si un joven israelí decidiera casarse con un gentil, la familia judía llevaría a cabo un servicio funerario, símbolo de la muerte de su hijo, creando para siempre un abismo debido a su visión intolerante de la raza y la religión.

No fue hasta que Cristo vino como un hombre y derramó Su sangre en la cruz que el muro de separación fue derribado. Lo que logró en el Calvario hace posible que tanto los judíos como los gentiles se acerquen a Dios.

Cristo resolvió la división de la "circuncisión":

- Por causa de El, tenemos una "circuncisión no hecha a mano, al echar de vosotros el cuerpo pecaminoso carnal" (Colosenses 2:11).

- Por causa de Él, "Vosotros, estando muertos en pecados y en la incircuncisión de vuestra carne, os dio vida juntamente con él, tras habernos concedido el perdón de todos los delitos" (versículo 13).

- Por causa de Él, el requisito que estaba en contra de nosotros: "quitándolo de en medio y clavándolo en la cruz" (versículo 14).

Aquellos que han sido "lejos" han sido "cercanos" a Dios "aplicando la sangre" (Efesios 2:13).

DA EL PRIMER PASO

Todo creyente debe tener un anhelo de acercarse más al Señor. Lo que muchos no se dan cuenta, sin embargo, es que Dios nos pide que iniciemos el primer paso. Jesús dijo: "Pedid, y se os dará; buscad, y hallaréis, llamad y se os abrirá" (Mateo 7:7).

Estas son cosas que hacemos. Entonces el Señor responde.

En la parábola del Hijo Pródigo, el joven salió de casa y despilfarró su herencia, pero finalmente volvió a sus sentidos y se dirigió de regreso a su familia. ¿Cuál fue la respuesta de su padre? El padre estaba muy contento y corrió a conocerlo.

Si quieres una relación cercana con tu Padre celestial, "Acercaos a Dios y él se acercará a vosotros" (Santiago 4:8).

Está a sólo una oración de distancia.

latigazo #23

Esta Sangre
ES EN MEMORIA DE CRISTO

*"Asimismo tomo también la copa,
después de haber cenado, diciendo:
Esta copa es el nuevo pacto en mi sangre;
haced esto todas las veces que la bebáis,
en memoria de mí."*
– 1 CORINTIOS 11:25

Unas de las grandes alegrías de mi vida ha sido visitar a personas que tienen graves problemas de salud, incluso hasta el punto de la muerte, y compartir la comunión con ellos.

Cuando oigo hablar de alguien con la etapa cuatro de cáncer, mi esposa y yo hacemos todo lo posible para pasar tiempo con ese hombre o una mujer, ya sea en un hospital, un asilo de ancianos o un hospicio. Tenemos un pequeño equipo de "comunión de viaje" que llevamos con nosotros.

Es difícil expresar lo que esto ha significado para la persona que recibe la taza y el pan. Por supuesto, oramos con cada individuo y hemos sido testigos de muchas respuestas maravillosas a la oración. Por eso llamo comunión "La comida que sana."

Hay quienes piensan que esta ceremonia fue creada después de que se estableció la Iglesia para que conmemoráramos el cuerpo y la sangre del Hijo de Dios. Sin embargo, fue Jesús mismo quien mandó que esto se hiciera.

Justo antes de la crucifixión, el Señor celebró la comida de la Pascua con Sus discípulos. En lo que se conoce como la "última cena," Jesús "tomando el pan, dio gracias, lo partió y les dio, diciendo: 'Esto es mi cuerpo, que por vosotros es dado; haced esto en memoria de mí. 'De igual manera, después de haber cenado, tomó la copa, diciendo: Esta copa es el nuevo pacto en mi sangre, que por vosotros se derrama'" (Lucas 22:19-20).

Después de la muerte, resurrección y ascensión de Cristo al cielo, el apóstol Pablo comenzó a predicar el Evangelio a las naciones. Lo encontramos en Corinto, pidiendo a los creyentes que tomen esta comida en memoria de Cristo (1 Corintios 11:25).

Como Jesús nunca viajó a Corinto, estoy seguro de que la iglesia se preguntó qué significaba todo esto. Así que Pablo tuvo que explicarlo: "Porque yo recibí de parte del Señor lo que también os he enseñado" (versículo 23). Luego compartió lo que Cristo dijo a los discípulos en la primera comunión. Luego, el apóstol les dijo: "Porque todas las veces que comáis este pan, y bebáis esta copa, la muerte del Señor estáis proclamando hasta que él venga" (versículo 26).

NUEVO SIGNIFICADO

El Hijo de Dios usó símbolos poderosos para ayudarnos a recordarlo. El pan representa Su cuerpo; el vino representa Su sangre. Esto le dio un nuevo significado profundo a la comida de Pascua.

En la antiguo Pacto, los hijos de Israel fueron milagrosamente alimentados y alimentados con maná del Cielo. Por medio de Cristo, recibimos el "pan de la vida" (Juan 6:35).

Al celebrar la Pascua, el vino dio a los israelitas un recordatorio de la sangre de los animales que fue derramada para expiar sus pecados, y la sangre manchada sobre los postes de las puertas que los protegían de la muerte en Egipto.

El vino de la comunión de Cristo es para traer a nuestra mente que Su sangre sella el Nuevo Pacto entre Dios y el hombre.

Cada vez que tomo el pan y bebo la copa, mi corazón se llena de amor debido a lo que Jesús hizo por mí en la cruz. Recuerdo los milagros que realizó, las parábolas que enseñó y, sobre todo, cómo mi vida fue transformada por Su gracia salvadora. Murió para que yo pudiera tener vida eterna.

Cuando participen de la mesa del Señor, por favor no tomen los elementos sólo porque es algo que se espera de ustedes. Esto nunca debe convertirse en una rutina, ya que representa el amor de Dios por Su pueblo.

Con espíritu de oración, y con gratitud por el poder que cambia la vida del cuerpo y la sangre de Cristo, tomen la santa communion en memoria de Él.

latigazo #24

Esta Sangre
COMPRÓ LA IGLESIA

**"Por lo tanto, mirad por vosotros,
y por todo el rebaño en que el Espíritu
Santo os ha puesto por supervisores,
paraapacentar la iglesia del Señor,
la cual él adquirió para si por
medio de su propia sangre."**
– HECHOS 20:28

Cuando conduzco por todo el país, en prácticamente todas las ciudades, grandes o pequeñas, veo iglesias con los nombres Primero Bautista, Primer Metodista, Primer Presbiteriano, Primera Asamblea de Dios, etc.

Pueden haber sido las congregaciones originales en esas comunidades, pero para encontrar la verdadera "primera iglesia," hay que volver al Día de Pentecostés, cuando Pedro salió del Cenáculo y dio un mensaje tan ungido y lleno de Espíritu que 3,000 fueron salvados (Hechos 2:41).

Hasta ese momento, no había "iglesia." Pero estos nuevos conversos comenzaron a reunirse, adorar y contar a los demás acerca de Cristo. La Biblia registra que "el Señor añadía cada día a la iglesia a los que iban siendo salvos" (versículo 47).

El número "3,000" es significativo. Echa un vistazo a lo que ocurrió después de que Moisés recibió los Diez Mandamientos, incluso: "No tendrás otros dioses ajenos delante de Mí" (Éxodo 20:3).

Los hijos de Israel hicieron un sacrificio de sangre en el altar, sabiendo lo que pasaría si rompían sus votos. Pero cuando Moisés volvió a la montaña durante 40 días, la gente rápidamente se olvidó de su promesa, derritieron sus joyas e hicieron un becerro de oro para adorar (Éxodus 32).

¡Dios estaba enojado! Los levitas se volvieron contra los delincuentes, y 3,000 judíos desobedientes fueron asesinados ese día (Éxodo 32:28).

Los judíos fueron castigados pero nunca abandonados. Creo que fue más que una coincidencia que 3,000 fueron salvados y restaurados cuando Pedro predicó en Jerusalén, y nació la Iglesia.

PROPIEDAD TOTAL

La iglesia no es una institución hecha por el hombre, sino que es parte del reino de Dios en la tierra. Fue comprado con la sangre en la cruz, razón por la cual se llama el "cuerpo de Cristo." Le pertenece a Él.

La razón por la que el Señor se refiere a él como "Su cuerpo" es porque desde que lo compró, y pagó el precio final, tiene la propiedad total.

Como miembros de Su Iglesia somos "personas de Su propia posesión." Jesús "quien se dio a Si mismo por nosotros para redimirnos de toda iniquidad y purificar para si un pueblo de su propiedad, celoso de buenas obras" (Tito 2:14).

El próximo domingo, cuando entres en el santuario, no seas tímido o avergonzado; levanta tus manos al Cielo y agradece al Señor que eres parte de una iglesia que ha comprado con Su propia sangre. "Para que anunciéis las virtudes de aquel que os llamo de las tinieblas a su luz admirables" (1 Pedro 2:9).

LA SANGRE - IGLESIA COMPRADA

Cuando algunos hombres y mujeres piensan en "la iglesia," tienen la impresión de que la Biblia está hablando de la Iglesia "universal" en general. Pero el texto al principio de este capítulo se refiere a una congregación local.

Pablo estaba hablando a los ancianos de los creyentesen Efeso (Hechos 20:17) cuando les dijo que cuidaran del rebaño que "el Espíritu Santo os ha puesto por supervisores" y fue comprado por Cristo "de su propia sangre" (versículo 28).

Esto podría haberse escrito acerca de su iglesia, la congregación del vecindario de la que usted es parte integral.

¡Gracias a Dios que eres miembro de la iglesia comprada de sangre!

Esta Sangre
UNE A LOS CREYENTES

"Pero ahora en Cristo Jesús, vosotros que en otro tiempo estabais lejos, habéis sido hechos cercanos por la sangre de Cristo. Porque él es nuestra paz, que de ambos pueblos hizo uno, derribando la pared intermedia de separación...para crear en sí mismo de los dos un solo y nuevo hombre, haciendo la paz, y mediante la cruz reconciliar con Dios a ambos en un solo cuerpo..."
– EFESIOS 2:14-16

Me reí cuando escuché la historia ficticia de cómo Mark Twain llevó a cabo un experimento donde puso un perro y un gato juntos en una jaula para ver si podían llevarse bien. Las cosas iban bien, así que cada día agregaba otro animal: un zorro, un ganso, una ardilla y algunas palomas. Después de algunos ajustes, ellos también parecían felices. Luego se agregó a la mezcla poniendo un bautista, un presbiteriano y un católico. ¡Pronto hubo tal alboroto que la jaula estaba en caos!

En mi Biblia, no puedo encontrar ningún capítulo o versículo que me diga cómo establecer una "denominación." El Todopoderoso sólo separa a los salvados de los perdidos.

Dios envió a Su Hijo para borrar las divisiones del hombre. En lugar de esclavos y libres, judíos y gentiles, blancos y negros, hombres y mujeres, cuando estamos bajo la sangre, estamos unidos como "uno."

Como creyentes, hemos sido adoptados en la familia de Dios, iguales a la vista de nuestro Padre celestial y reconciliados "en un solo cuerpo a través de la cruz" (Efesios 2:16). No más estipulaciones; no más estereotipos.

RASGANDO EL VELO

Para hacernos saber que las riquezas y los derechos del Cielo están disponibles para todos nosotros, Cristo derribó la partición que separaba al hombre de Dios.

Durante la época de Jesús en la tierra, el Templo de Jerusalén fue el corazón de la vida judía. Ahí fue donde se hicieron sacrificios de animales, y la adoración se llevó a cabo fielmente de acuerdo con la ley de Moisés.

En el Templo, había un velo que dividía al Santo de los Santos (el lugar de morada en la tierra para la presencia de Dios) del resto del Templo donde se permitía a los judíos ordinarios estar (Hebreos 9). Oh, el Sumo Sacerdote podría entrar en el Santo de los Santos (Éxodo 30:10).

Fue un ejemplo de cómo el pecado había separado al hombre de Dios (Isaías 59:2).

Pero algo demoledor ocurrió en el momento en que Jesús murió en la cruz. La Biblia registra: "Y he aquí, el velo del templo se rasgó en dos, de arriba abajo" (Mateo 27:51).

ESTO SIGNIFICA QUE,
POR PRIMERA VEZ, DIOS FUE
ACCESIBLE A TODOS LOS QUE
PIDIRÍAN LA SANGRE DE JESÚS
PARA PERDONARLOS DE SUS PECADOS.

EN UN SOLO ACUERDO

El paseo cristiano no es un viaje "yo primero." Como creyentes, somos uno. Es por eso que se nos aconseja:

- "Améis unos a otros" (Juan 13:34)

- "Sobrellevad los unos las cargas de los otros" (Gálatas 6:2)

- "Perdonándoos unos a otros" (Colosenses 3:13)

- "Alentaos los unos a otros" (1 Tesalonicenses 4:18)

- "Edificaos unos a otros" (1 Tesalonicenses 5:11)

- "Orad unos por otros" (Santiago 5:16)

Cuando estamos en "un solo acuerdo," se llevan a cabo grandes milagros. La iglesia crece cuando cada uno de nosotros aporta nuestros dones, talentos y diezmos. Sin embargo, aunque debemos edificar sobre los cimientos establecidos por los apóstoles y profetas, nunca debemos olvidarnos que Cristo siendo la "Principal Piedra del Angulo" (Efesios 2:20). Estamos "construidos juntos" para un "lugar de vivienda" de Dios en el Espíritu.

Pablo el Apóstol escribió a los creyentes en Éfeso: "Os exhorto a que andéis como es digno de la vocación con que fuisteis llamados, con toda humildad y mansedumbre, soportándoos con paciencia los unos a los otros en amor, solícitos en guardar la unidad del Espíritu en el vínculo de la paz. Hay un solo cuerpo, y un solo Espíritu, como también fuisteis llamados en una misma esperanza de vuestra vocación; un Señor, una fe, un bautismo, un Dios y Padre de todos, el cual esta sobre todos, por todos, y en todos" (Efesios 4:1-6).

Hemos sido llamados juntos para servir y compartir la verdad. Alabado sea Dios por la sangre que nos hace "uno" con otros creyentes.

Esta Sangre
ES PARA TU PAZ

"Y por medio de él reconciliar consigo todas las cosas, así las que están en la tierra como las que están en los cielos, haciendo la paz mediante la sangre de su cruz.
– COLOSENSES 1:20

Un hombre en Canadá escribió: "Por favor, oren por mi familia. Nuestro hogar está en agitación." Una mujer en California envió un correo electrónico: "No sé qué hacer, mis hijos están fuera de control y mi esposo se está volviendo loco."

En nuestro ministerio, aparte de las peticiones de sanación, el número uno expresado por nuestros televidentes y de Internet es el siguiente: "Necesito la paz de Dios en mi vida."

¡Shalom! Si has visitado Israel, hay una palabra que escuchas una y otra vez: "Shalom." La mayoría de los visitantes piensan que simplemente significa "paz," pero transmite mucho más. Se utiliza tanto para saludar a la gente como para despedirse de ellas, pero también expresa sentimientos de satisfacción, bienestar y armonía.

Shalom proviene de una palabra raíz que significa integridad, plenitud y ausencia de discordia. Cada vez que escucho a un judío pronunciar esa expresión, ruego que encuentre la única fuente de verdadera paz: el Cristo del Calvario. En realidad, ni siquiera necesitan leer el nuevo Testamento para encontrar al Mesías. Isaías se inspiró para escribir: "Porque un niño nos ha nacido, un hijo nos es dado, y el principado sobre su hombro; y se llamará su nombre: Admirable, Consejero, Dios fuerte, Padre eterno, Príncipe de paz (Isaías 9:6).

La paz comprada por la sangre de Cristo no está relacionada con nuestras circunstancias ni se ve afectada por lo que nos sucede por los acontecimientos externos. Por ejemplo, usted puede estar en una tormenta que azotaría los barcos de los no salvados, pero cuando usted está anclado por la paz de Dios, hay una tranquilidad que la mayoría no entiende.

Sólo hay un lugar para encontrar la paz que no es sólo la ausencia de problemas, peligros o pesares. Fluye de quien nos dio el mejor ejemplo que jamás hayamos encontrado.

La noche antes de que Jesús muriera en la cruz, sabía exactamente lo que el mañana tendría, sin embargo, se detuvo para dar a Sus discípulos este mensaje: "Paz os dejo, Mi paz os doy; no como os la doy como el mundo la da. No se turbe vuestro corazón, ni tenga miedo" (Juan 14:27).

Me alegro tanto de que la paz que Cristo da no sea como el mundo. En la historia registrada del hombre ha habido suficientes guerras - un investigador situó el número en casi 15,000 conflictos importantes.

Con Cristo, la paz es difícil de alcanzar. Hombres y mujeres tratan de encontrar respuestas a sus conflictos internos a través de una quinta parte del alcohol, una inyección de heroína u otros medios de escape. Nada funciona, pero la sangre de Cristo se aplica a un corazón lleno de pecado.

Esta es la tranquilidad que te permite estar quieto cuando el miedo te rodea y permanecer tranquilo en medio del sufrimiento. De repente sabrán lo que Pablo quiso decir cuando habló de la redención como el "evangelio de la paz" (Efesios 6:15).

ALEGRÍA Y SATISFACCIÓN

El apóstol Pablo tuvo uno de los paseos más duros que cualquier seguidor de Cristo puede imaginar, pero pudo decir: "He aprendido a contentarme, cualquiera que sea mi situación" (Filipenses 4:11).

Aun cuando Pablo y Silas fueron encarcelados por predicar la sangre de Cristo, a medianoche "oraban, y cantaban himnos a Dios" (Hechos 16:25).

Encontramos la misma paz evidente en la vida de Santiago, cuando escribió: "Tened por sumo gozo cuando os halléis en diversas pruebas, sabiendo que la prueba de vuestra fe produce paciencia" (Santiago 1:2-3).

No tienes que viajar a través de la vida con miedo y agitación constantes. Jesús ofrece Su paz perfecta a través de la sangre de la cruz.

Esta Sangre
TODAVÍA HABLA
UNA PALABRA MEJOR

**"A Jesús el Mediador del nuevo pacto,
y a la sangre rociada que habla
mejor que la de Abel."**
– HEBREOS 12:24

Si duda de que la sangre tiene la capacidad de hablar, considere esto: El DNA extraído de sólo una pequeña gota de la sangre de un asesino puede ser utilizado como evidencia en un tribunal de justicia.

La sangre habla hoy, tal como lo hizo en los días de Caín y Abel, los primeros hijos de Adán y Eva. Caín se convirtió en jardinero y Abel pastor.

Sin duda, los hermanos sabían que tenían que

ofrecer un sacrificio de sangre para cubrir sus pecados. Sus padres usaron las pieles de dos animales heridos para ocultar su propia verguenza.

Cuando llegó el momento de que los hijos trajeran una ofrenda al Señor, Caín, lleno de orgullo, trajo algunas verduras. Pero Abel presentó el cordero primogénito de su rebaño. Dios aceptó el sacrificio de Abel y rechazó el de Caín, quien se enojó tanto que su ofrenda fue rechazada que mató a su hermano.

El Todopoderoso, sabiendo lo que Caín había hecho, preguntó: "¿Dónde está Abel tu hermano?" (Génesis 4:9).

Caín ofreció esta endeble excusa: "¿Soy yo acaso guarda de mi hermano?" (versículo 9).

"¿Qué has hecho?" preguntó el Señor. "La voz de la sangre de tu hermano clama a mí desde la tierra" (versículo 10).

Como resultado directo del pecado de Caín, Dios hizo que sus cosechas fracasaran y se convirtió en un hombre marcado, y en un vagabundo por el resto de su vida.

Miles de años más tarde, cuando Jesús colgó

en una cruz romana por el pecado del hombre, Su sangre también habló. Mientras la sangre de Abel clamaba por venganza, la sangre de Jesús clamaba por perdón, sanación, paz y rectitud.

Abel es un tipo y sombra del Hijo de Dios:

- Abel era un pastor; Jesús es el Buen Pastor (Juan 10:11).

- Abel sacrificó un cordero; Jesús lo sacrificó a sí mismo, el Cordero de Dios que quita el pecado del mundo (Juan 1:29).

- El sacrificio de Abel fue aceptado por Dios; El sacrificio de Cristo fue aceptado por Su Padre (Romanos 4:25).

- Abel fue despreciado por su hermano sin causa; Jesús era odiado por los judíos, Sus hermanos, sin causa (Juan 15:25).

- Abel fue entregado debido a la envidia; también Cristo (Mateo 27:18).

LA SANGRE DE CRISTO TODAVÍA HABLA

Si quieres ver temblar al diablo, empieza a hablar de la sangre de Cristo. No se equivoquen, es plenamente consciente de lo que ocurrió en el Calvario.

Satanás realmente creía que había descarrilado el plan de Dios, pero durante los tres días entre la cruz y la resurrección, Jesús descendió a las entrañas de la tierra y recuperó las llaves de la muerte y el infierno (Apocalipsis 1:18).

Cristo "despojando a los principados y a las potestades, los exhibió públicamente, triunfando sobre ellos en la cruz" (Colosenses 2:15). Por el poder de su sangre, Jesús destruyó las obras de Satanás, y nos da a ti y a mí la fuerza para ser vencedores también.

Nunca es demasiado tarde para dejar que la sangre de Jesús hable en sus circunstancias:

- En su lugar de trabajo, escuche la sangre decir, "¡Te doy el favor!"

- En tiempos de peligro, escuche la sangre decir, "¡Te doy protección!"

- Cuando esté enfermo, escuche la sangre decir, "¡Te doy sanación y plenitud!"

Mientras la sangre de Abel habla, la sangre de Cristo habla "cosas mejores" (Hebreos 12:24) y, gracias a Dios, ¡todavía está hablando!

Esta Sangre
LLEVA EL TESTIMONIO
EN LA TIERRA

"Y tres son los que dan testimonio en la tierra el Espíritu, el agua y la sangre; y estos tres concuerdan."
– 1 JUAN 5:8

El número tres es significativo en las Escrituras. Por ejemplo:

- Daniel oraba tres veces al día (Daniel 6:10).

- Tres hebreos fueron arrojados al horno ardiente (Daniel 2:23).

- Jesús oró tres veces en el Jardín de Getsemaní antes de Su arresto (Mateo 26:36-45).

- Cristo se levantó de la tumba al tercer día (1 Corintios 15:4).

• Pablo naufragó tres veces (2 Corintios 11:25).

También leemos acerca de la Trinidad, y nos bautizamos "en el nombre del Padre, del Hijo y del Espíritu Santo" (Mateo 28:19).

Además, se nos dice: "Porque tres son los que dan testimonio en el cielo: el Padre, el Verbo y el Espíritu Santo; y estos tres son uno. Y tres son los que dan testimonio en la tierra el Espíritu, el agua y la sangre; y estos tres concuerda " (1 Juan 5:7-8).

En este versículo final descubrimos que el testimonio, o testimonio de que Jesús era el Hijo de Dios fue declarado por primera vez por el Espíritu Santo, "el Espíritu de la verdad" (Juan 14:17).

Segundo, fue presenciado por el bautismo de Cristo. Cuando Juan bautizó a Jesús en el río Jordán, de repente, una voz vino del cielo, diciendo: " Éste es mi Hijo, el amado, en quien he puesto mi complacencia" (Mateo 3:17).

El tercer testimonio en la tierra fue a través de la sangre de Jesús. Cuando Cristo llevaba las llagas, Su sangre cayó al suelo y todavía está presente en la tierra, para salvar, sanar y liberar, y proporcionar todos los 39 beneficios que estamos discutiendo.

La crucifixión fue una escena horrible, pero los acontecimientos que sucedieron allí fueron en el cumplimiento divino de la Escritura.

Por ejemplo, mientras Cristo colgaba de la cruz, dijo: "Tengo sed" (Juan 19:28). Así que "ellos empaparon en vinagre una esponja, y sujetándola a una rama de hisopo, se la acercaron a la boca" (versículo 29). Esto fue profetizado mucho antes: "Me pusieron veneno por comida, y en mi sed me dieron a beber vinagre" (Salmos 69:21).

Cuando Jesús recibió esto, inclinó Su cabeza y gritó: "¡Se acabó!"

Este fue el día antes del día de reposo. Debido a que era una costumbre judía que los cuerpos no permanecieran en la cruz en el día de reposo, pidieron a los soldados romanos que rompieran las piernas de los tres hombres que estaban colgados allí y se los llevaran.

"Mas cuando llegaron a Jesús, como le vieron ya muerto, no le quebraron las piernas" (Juan 19:33). Esto fue en cumplimiento del Salmo

34:20: " Él guarda todos sus huesos; ni uno de ellos será quebrantado."

Además, "uno de los soldados perforó Su costado con una lanza, y de inmediato salió sangre y agua" (Juan 19:34). Una vez más, esto fue de acuerdo con la profecía. En Zacarías 12:10 leemos: "Mirarán a Mí, a quien traspasaron."

UN TESTIGO AL MUNDO

¿Por qué fluyó el agua y la sangre desde el lado del Salvador? Entre otras razones, el agua era para nuestra limpieza (Hebreos 10:22), y la sangre era para nuestra redención (Hebreos 9:14).

Es increíble "Jesucristo, que vino por agua y sangre" (1 Juan 5:6) fue un testigo del mundo cuando esos mismos elementos fluían de Su lado sobre la cruz.

¡Lo más glorioso de todo, todo lo que Dios planeó y permitió que tuviera lugar en el Calvario fue para ti!

Esta Sangre
ES LA MÁXIMA EXPRESIÓN DEL AMOR

"Nadie tiene mayor amor que este, que uno ponga su vida por sus amigos."
— JUAN 15:13

Escuché la historia de un joven llamado Johnny cuya hermana, María, necesitaba desesperadamente una transfusión de sangre. Tenía un tipo de sangre raro, que ella y su hermano compartían.

El joven se había recuperado de la misma enfermedad dos años antes, lo que hizo que las posibilidades de éxito sean mucho mayores. Todo esto fue muy cuidado explicado a Johnny por el médico, quien también le dijo: "Sin la transfusión, tu hermana morirá." Entonces preguntó: "¿Serías valiente y le darías tu sangre a tu hermana?"

Al principio, Johnny vaciló, y su labio inferior comenzó a temblar. Entonces una gran sonrisa se extendió a través de su rostro mientras respondía: "Claro. Por mi hermana, haré cualquier cosa." Las enfermeras llevaron a los dos niños a una habitación especial del hospital. María era pálida y delgada; Johnny era vibrante y saludable. Después de que engancharon los tubos de plástico transparente en su lugar, miró con amor a su hermana mientras veía la sangre viajar fuera de su cuerpo, por el tubo, y en María.

Pronto, la sonrisa de Johnny comenzó a desvanecerse cuando se sentía más débil y débil. Luego miró al médico y le preguntó: "¿Cuándo muero?"

Johnny pensó que al darle su sangre a su hermana, estaría perdiendo su vida. Sin embargo, debido a que la amaba tanto, estaba dispuesto a pagar el precio.

LA LECCIÓN DE AMOR

Uno de los conceptos más difíciles de entender es cuánto nos ama Dios. Cuando Jesús estaba en Jerusalén, había un fariseo llamado Nicodemo que era un gobernante de los judíos. Visitó a Jesús una noche (cuando nadie estaba mirando) y comenzó a tratarde apelar el ego del Señor. Dijo: " Rabi, sabemos que tú eres un maestro, ven de Dios; porque nadie puede hacer estas señales de que Tú haces a menos que Dios esté con él" (Juan 3:2).

SU ADULACIÓN NO IMPRESIONÓ A JESÚS NI UN POCO.

En cambio, el Señor cambió la conversación abruptamente con estas palabras: "De cierto te digo, que el que no nace de nuevo, no puede ver el reino de Dios" (versículo 3).

Nicodemo estaba totalmente confundido, preguntándose cómo un hombre adulto podía nacer cuando era viejo, o si podía entrar en el vientre de su madre por segunda vez y renacer. Jesús le dijo al fariseo en los términos más simples cómo nacer de nuevo. Fue una lección de amor: "Porque de tal manera amó Dios al mundo, que ha dado a su Hijo unigénito, para que todo aquel que cree en él, no perezca, sino que tenga vida eterna" (Juan 3:16).

EL AMOR MÁXIMO

En nuestra cultura, la palabra "amor" casi se ha vuelto sin sentido. Debido a que lo usamos tan brillantemente, hemos diluido su verdadero significado. Sólo tres a las conversaciones que escuchamos todos los días:

- "Me encanta tu nuevo teléfono celular."

- "Me encanta tu vestido."

- "Me encanta el olor de ese perfume."

- "Me encanta la nueva canción que escuché en la radio."

Bueno, puedes decir, "Realmente me encanta el chocolate", pero ¿el chocolate te ama para atrás?

La Escritura nos dice: "En esto consiste el amor: no en que nosotros hayamos amado a Dios, sino en que él nos amó a nosotros" (1 Juan 4:10).

La única manera de experimentar el amor verdadero es conocer el amor de Dios, cuyo Hijo "nos liberó de nuestros pecados con su sangre de nuestros pecados en Su propia sangre" (Apocalipsis 1:5).

¡Ese es el amor definitivo!

Esta Sangre
LE UNE CON CRISTO

"El que come mi carne y bebe mi Sangre, permanece en Mí, y yo en él."

— *JUAN 6:56*

Para un incrédulo, o incluso un nuevo converso, leyendo este versículo por primera vez, puedo imaginar lo extraño que debe parecer. A primera vista, suena como algo sacado de una película de vampiros. ¡La idea misma de comer carne y beber sangre suena anormal! Pero como hemos llegado a aprender, esto es simbólico del cuerpo y la sangre de Cristo.

En el momento en que Jesús pronunció estas palabras, los judíos estaban horrorizados. Eran estrictos guardianes de la ley con respecto a las frutas prohibidas, incluido el hecho de que no debían comer nada que todavía contuviera sangre.

Sin embargo, enseñando en la sinagoga de Capernaúm Jesús instruyó: "Si no coméis la carne del Hijo del Hombre, y bebéis su sangre, no tenéis vida en vosotros. El que come mi carne y bebe mi sangre, tiene vida eterna; y yo le resucitaré en el último día. Porque mi carne es verdadera comida, y mi sangre es verdadera bebida" (Juan 6:53-55).

NO SÓLO LOS JUDÍOS TENÍAN UN PROBLEMA CON SUS PALABRAS, PERO LOS DISCÍPULOS TAMBIÉN.

Ellos declararon entre ellos: "Dura es esta palabra; ¿quién la puede oír?" (versículo 60).

Recuerden, la Cena del Señor aún no había sido instituida, pero Jesús estaba sentando las bases para el hecho de que los pecados del hombre no podían ser perdonados, ni la vida eterna era posible, a menos que alguien ofreciera su propia sangre.

Este fue un adelanto de la necesidad del sacrificio de Cristo, para que Su sangre pudiera habitar en cada creyente.

¿Qué significa "permanecer" en el Hijo de Dios? Se trata de una relación divina donde:

- Cristo es la Cabeza y nosotros somos el cuerpo (Colosenses 1:18).

- Cristo es el Rey y somos Sus elegidos y fieles (Apocalipsis 17:14).

- Cristo es el Pastor y nosotros somos Sus ovejas (Juan 10:14-15).

Jesús describió la cercanía y la intimidad que tenemos con Él al decirnos que Él es la Vid y que nosotros somos las ramas: "El que permanece en Mí, y yo en él, este lleva mucho fruto; porque separados de mí, nada podéis hacer. El que en mí no permanece, es echado fuera como el pámpano, y se seca; y los recogen, y los echan en el fuego, y arden. Si permanecéis en mí, y mis palabras permanecen en vosotros, pedid todo lo que queráis, y os será hecho" (Juan 15:5:7).

¡ESTÁ EN TI!

La sangre es lo que hace posible que permanezcamos en Cristo y que Él permanezca en ti y en mí (Juan 6:56).

- Jesús dijo: "Yo estoy en Mi Padre, y vosotros en Mí, y yo vosotros" (Juan 14:20).

- "Con Cristo estoy juntamente crucificado, y ya no vivo yo, sino que Cristo vive en mí" (Gálatas 2:20).

- "Cristo en vosotros, la esperanza de la gloria" (Colosenses 1:27).

¡Cuando la sangre se ha aplicado a vuestro corazón, tenéis la bendita seguridad de que Aquel que está en ti es más grande que el que está en el mundo!

Esta Sangre
HACE QUE USTED VIVA EN CRISTO

"Y a vosotros, estando muertos en pecados y en la incircuncisión de vuestra carne, os dio vida juntamente con él, tras habernos concedido el perdón de todos los delitos... clavándolo en la cruz."

– COLOSENSES 2:13

La ciencia médica nos dice que nuestra sangre contiene proteínas, vitaminas y enzimas que actúan como una defensa contra los invasores. Por ejemplo, si las bacterias entran en el cuerpo, ciertas células viajan a la zona infectada para hacer la guerra contra el intruso.

Me alegro hacerles saber que, espiritualmente,

la sangre de Jesús hace lo mismo. Cuando el diablo ataca, la sangre de Cristo viene en nuestra ayuda y trae la curación que necesita.

Creo que a Satanás no le gusta nada más que oírnos quejarnos de "sangre cansada" o "anemia." En el natural, esto es causado por la falta de hierro en las células sanguíneas. Pero al permanecer cerca de Cristo somos "robusteceos en el Señor, y en el vigor de su fuerza" (Efesios 6:10). Su sangre nos permite permanecer vibrantes y saludables. Así es como caminamos en la victoria.

DE REGRESO AL PRINCIPIO

Estoy convencido de que la razón por la que muchos cristianos se sienten "viejos y flojos" en su espíritu es porque han perdido de vista lo que la sangre de Cristo logró por ellos. Como resultado, han olvidado el verdadero significado del arrepentimiento, el perdón y la justicia.

En cambio, sus mentes siguen retrocediendo a los errores y pecados que cometieron hace años. Esto alienta las emociones de condena y culpa para seguir subiendo a la superficie.

En muchos casos, los pecados por los que una vez pidieron a Cristo que perdonara siguen atormentando sus mentes. Aunque el Señor los perdonó, no parecen perdonarse a sí mismos.

Cuando Jesús vio esta condición en los creyentes de Efeso, les dijo: "Tengo contra ti, que has dejado tu primer amor" (Apocalipsis 2:4). En otras palabras, la llama que había ardido tan brillante cuando se salvaron por primera vez, era ahora sólo un parpadeo.

¿Cómo regresan al lugar donde experimentaron la alegría, la emoción y la pasión por el Señor? Primero, permita que su mente se detenga en cuándo, dónde y cómo se salvó, luego pida el perdón de Dios por salirse de su rumbo. Jesús lo dijo así: "Recuerda, por tanto, de dónde has caído, y arrepiéntete, y haz las primeras obras; pues si no, vengo en seguida a ti, y quitaré tu candelero de su lugar si no te arrepientes" (versículo 5).

Al recordarnos lo que la sangre de Cristo nos proporcionó en la cruz, podemos agradecerle por lo que está haciendo por nosotros hoy, y lo que el Señor ha planeado para nuestro futuro.

Cada una de las "39 latigazos" mencionadas en este libro son dignas de nuestra alabanza.

CADA CIRCUNSTANCIA Y NECESIDAD, SI ESPIRITUAL, EMOCIONAL, O FÍSICO, HAN SIDO RECONCILIADAS POR CRISTO.

Como resultado, podéis "presentaos vosotros mismos a Dios como vivos de entre los muertos, y vuestros miembros a Dios como instrumentos de justicia" (Romanos 6:13).

No sólo esto, pero Cristo sacó Su "cancelando el documento de deuda en contra nuestra, que consistía en ordenanzas y que nos era adverso, quitándolo de en medio y clavándolo en la cruz" (Colosenses 2:14).

¡El registro de nuestro pasado ya no existe! Cristo tuvo que dar Su vida para que Su sangre pudiera cumplir la obra que Dios pretendía, ¡pero no está muerto! Al tercer día, Él no solo se levantó de la tumba, sino que también fuimos resucitados con Él.

Porque Cristo está vivo, yo también. ¡Tú también!

latigazo #32

Esta Sangre
TE HACE UN VENCEDOR

**"Ellos le han vencido [satanás] por
medio de la sangre del Cordero
y de la palabra del testimonio de ellos."**
– APOCALIPSIS 12:11

La mayoría de la gente piensa que Satanás reside en las fosas del Infierno. Según Apocalipsis 20:10, aún no ha llegado allí, pero ciertamente va en esa dirección, y será su último hogar. En este momento, sin embargo, está vagando por la tierra: "vuestro adversario el diablo, como león rugiente, anda alrededor buscando a quien devorar" (1 Pedro 5:8).

En la historia de Job, cuando Satanás se acercó al trono de Dios, el Todopoderoso le preguntó:

"¿De dónde vienes?" El diablo respondió: "De recorrer la tierra y de andar por ella" (Job 1:7).

Así que sabemos que Satanás está aquí, ahora mismo, buscando maneras en que puede acusarnos ante Dios y hacer nuestras vidas lo más miserables posible.

En nuestra batalla con Satanás, no podemos ganar sin las mejores armas posibles. Después de unirte al ejército de Cristo, debes "Vestíos de toda la armadura de Dios, para que podáis estar firmes contra las artimañas del diablo" (Efesios 6:11). Además de tener tu cintura ceñida de verdad, el pectoral de la justicia, los zapatos de la paz, el escudo de la fe y el casco de salvación, debemos llevar "la espada del Espíritu, que es la palabra de Dios" (versículo 17).

Nunca debemos olvidar que, en la confrontación histórica entre Jesús y Satanás en el Monte de la Tentación, fue la Palabra la que hizo temblar al diablo. Cuando Satanás quiso ver al Señor convertir las piedras en pan, Jesús dijo: "Escrito está: 'No sólo de pan vivirá el hombre, sino de toda palabra que sale de la boca de Dios'" (Mateo 4:4).

Proximo, el diablo llevó a Jesús a la cima de un templo y le dijo: "Tírate hacia abajo." Una vez más, respondió Jesús con: "También está escrito: 'No tentarás al Señor tu Dios'" (versículo 7).

Con toda tentación, Satanás lanzó el camino del Señor, Jesús respondió con: "Está escrito" y citó la Escritura.

Finalmente, Satanás se enfadó en la derrota, y Cristo estaba listo para comenzar Su ministerio terrenal.

Puesto que Jesús venció al diablo con la Palabra, espera que también la usemos como arma contra el mal. Derrotar a Satanás y "atar al hombre fuerte" es posible cuando se utiliza este enfoque de dos filos.

Tenemos la sangre (una aplicación externa) y la Palabra (una aplicación interna). ¡Con estas dos fuerzas superpoderosas, el diablo no tiene ninguna oportunidad!

Cuando Satanás asalta tu territorio, no hay necesidad de huir y esconderse. Has estado cubierto por la sangre y eres un testimonio viviente de la poderosa Palabra de Dios.

Alguien sinceramente hizo el comentario: "Ser bueno puede mantenerte fuera de la cárcel, pero se necesita la sangre de Jesús para mantenerte fuera del Infierno."

Cuando tu guerra espiritual se intensifique, recuerda: nuestro triunfo sobre el enemigo sólo es posible a través de Cristo. "Porque todo lo que es nacido de Dios vence al mundo; y ésta es la victoria que ha vencido al mundo, nuestra fe. ¿Quién es el que vence al mundo, sino el que cree que Jesús es el Hijo de Dios?" (1 Juan 5:4-5).

En la batalla por nuestras almas, tenemos los ejércitos del Cielo de nuestro lado. Tenemos esta maravillosa seguridad: "Si Dios está para nosotros, ¿quién contra a nosotros?" (Romanos 8:31).

El conflicto puede enfurecer, y la embestida de Satanás puede continuar: "Pero gracias sean dadas a Dios, que nos da la victoria por medio de nuestro Señor Jesucristo" (1 Corintios 15:57). ¡Prepárate para una celebración!

latigazo #33

Esta Sangre
DA PODER SOBRE LA MUERTE

"Así que, por cuanto los hijos han tenido en común una carne y una sangre, él también participó igualmente de lo mismo, para, por medio de la muerte, destruir el poder al que tenia el imperio de la muerte..."
– HEBREOS 2:14

Iquitos, Perú es una ciudad de la selva de 400,000 personas, ubicada en lo profundo de la cuenca del río Amazonas. He viajado allí durante diez años consecutivos.

Una noche estábamos llevando a cabo una reunión en el estadio de fútbol local con unas 12,000 personas presentes. El servicio comenzó a las 7:00 PM, y fueron tres horas y media más tarde antes de que comenzamos a orar por aquellos que necesitaban sanación.

Desde el lado de la plataforma vi a dos hombres llevando a una mujer en una cuna casera, dos palos largos unidos a un pedazo de tela. Pusieron a la mujer en el suelo frente a mí.

"¿Qué le pasa?" Pregunté a través del intérprete.

"Está muerta" respondió el hombre mayor angustiado. Me enteré de que la cuna estaba siendo llevada por el marido y su hijo.

He tenido muchos "primeros" en mis reuniones, pero nada comparado con esto.

"¿Cuándo murió?" Quería saber.

"Alrededor de las 4:30 de esta tarde" respondió el esposo. "Ella estaba en un hospital local y nos dijeron que la llevemos a casa y la enterremos."

En esas áreas rara vez hay embalsamamiento, así que tienes el funeral el mismo día en que mueren, o a la mañana siguiente, el tiempo suficiente para reunir a la familia desconsolada.

El cuerpo que estaba frente a mí estaba vestido con una bata blanca de hospital y ella parecía tener entre 60 y 70 años de edad.

UNA ORACIÓN FERVIENTE

En ese momento, me di la vuelta, miré a los cielos y hablé con el Señor. "Dios," oré, "Sabes que tengo una situación seria aquí. Nunca me he enfrentado a algo como esto en mi ministerio, pero he leído las historias de los profetas de los viejos y los discípulos." Entonces agregué: "Si puedes hacer milagros por ellos, puedes hacerlo por mí."

Volviendo, sentí que necesitaba comprobar la validez de esta muerte. Así que me arrodillé junto al cuerpo sin vida y pellizqué la nariz de la mujer. No respiraba. Cogí su mano, y cuando la dejé ir se cayó. Cogí su pierna, y la respuesta fue la misma. A continuación, puse mi mano en su pecho y no sentí ningún latido del corazón o movimiento pulmonar.

Vertí un poco de aceite de unción en mi mano, lo coloqué en su frente, y oré fervientemente: "¡En el nombre de Jesús y por la sangre de Cristo, oro la vida para entrar en el cuerpo de esta mujer!"

Al instante, abrió los ojos y comenzó a mover los brazos y las piernas. En poco tiempo se puso de pie y estaba alabando al Señor.

Esto sucedió hace varios años y cada vez que regreso a Iquitos me reuní con la mujer y su familia. ¡Incluso ha cocinado una deliciosa comida para mí!

¡TODAVÍA ESTÁ SUCEDIENDO!

Cristo descendió del Cielo para conquistar a Satanás, y al hacerlo triunfó sobre la muerte.

Durante el ministerio de Jesús en la tierra, muchos fueron traídos de entre los muertos, entre ellos un hombre resucitado de su ataúd en la ciudad de Naín (Lucas 7:11-15), la hija de Jairo (Lucas 8:41-42;49-55), y Lázaro (Juan 11:1-44).

Algunas personas exclaman: "Bueno, ese era Jesús. Tenía un poder milagroso de Su Padre. No es para nosotros hoy."

Tal vez no leyeron el encargo de Cristo a Sus seguidores de "sanad enfermos, limpiad leprosos, resucitad muertos" (Mateo 10:8). Después de que Jesús ascendió al cielo, encontramos a Pedro haciendo exactamente eso cuando levantó a Dorcas del aguijón de la muerte (Hechos 9:36), y Pablo pudo traer a un hombre llamado Eutico de vuelta a la vida (Hechos 20:9-18).

LOS MILAGROS DE DIOS TODAVÍA ESTÁN OCURRIENDO EN NUESTRO MUNDO.

Jesús dijo: "El que cree en Mí, las obras que yo hago, también él las hará; y aun hará mayores que estas" (Juan 14:12).

¡La sangre nunca perderá su poder!

ESTA SANGRE
TE HACE UN
SACERDOCIO REAL

"Al que nos amó, y nos liberó de nuestros pecados con Su sangre, e hizo de nosotros un reino, sacerdote para Su Dios y Padre; a el Sea la gloria y el dominio por los siglos de los siglos."
–APOCALIPSIS 1:5-6

Al comienzo de la creación, al primer hombre se le dio dominio sobre la tierra (Génesis 1:28), y eso no ha cambiado. Fuimos colocados aquí para ser los representantes de Dios, y, como tales, debemos reflejar Su carácter. Aunque Adán y Eva fueron una gran decepción para el Creador, no alteró el hecho de que mientras Dios estaba en control de los cielos, puso al hombre a cargo de este planeta.

Desde el primer día, Dios buscó a hombres y mujeres que cuidaran de la tierra como parte del reino que planeó.

Tres meses después de que los hijos de Israel abandonaran Egipto en su viaje de cuarenta años, Dios entregó esta carta a Moisés en el monte Sinaí: "Si dais oído a mi voz, y guardáis mi pacto...vosotros me seréis un reino de sacerdotes, y gente santa" (Éxodo 19:5-6). Sin embargo, el alcance de esto no se centraría hasta que Dios envió a Su Hijo a la tierra, predicando: "predicando el reino" (Lucas 8:1).

Nuestra autoridad como cristianos implica más que emitir órdenes en el nombre de Jesús; debemos entender cómo usar esta posición dada por Dios.

Como creyentes, somos "hijos de Dios mediante la fe en Cristo Jesús" (Gálatas 3:26) y "herederos de Dios y coherederos con Cristo" (Romanos 8:17). Esto significa que todo lo que pertenece a Jesús (como primogénito) también nos pertenece a nosotros.

A la vista de Dios, los que hemos sido lavados en la sangre del Cordero somos considerados la realeza, ahora y en el futuro. La sangre de Cristo nos liberó de la tiranía bajo la cual habíamos sido sometidos. ¡Una vez fuimos esclavos, pero nos ha hecho libres! ¡Aún más, Cristo nos ha elevado a posiciones de nobleza divina!

Debido a la sangre, estamos tan unidos con el Señor que donde está, también estamos, y lo que es, llevamos el mismo título. Somos partícipes con Él. Como un predicador lo expresó bellamente: "El Hijo de Dios llegó a ser el Hijo del Hombre para que los hijos de los hombres llegaran a ser hijos de Dios."

ERES UN SACRIFICIO VIVO

Desde que nuestros pecados han sido limpiados en la preciosa sangre de Cristo, "nos ha hecho reyes y sacerdotes" del reino (Apocalipsis 1:5-6). Este doble título es significativo: los reyes tienen poder y autoridad; sacerdotes reconcilianconse con amor y misericordia.

Cuando la Escritura usa la palabra "sacerdote," se refiere a alguien que tiene acceso directo a Dios, y a través de la sangre, ese es nuestro privilegio.

Ya no somos "extranjeros," pero podemos pasar al lugar secreto del Altísimo, al Santo de los Santos.

Debido a que Jesús derojo "un sacrificio por los pecados para siempre" (Hebreos 10:12), no hay nada que necesitemos traer a Dios sino a nosotros mismos. Esto fue confirmado por el apóstol Pablo cuando dijo: "Así que, hermanos, os exhorto por las misericordias de Dios, a que presentéis vuestros cuerpos como sacrificio vivo, santo, agradable a Dios" (Romanos 12:1).

Pedro se hicieron eco de esto al declarar que hemos sido elegidos para ser "sacerdocio santo, para ofrecer sacrificios espirituales aceptables a Dios por medio de Jesucristo" (1 Pedro 2:5).

No sólo somos reyes y sacerdotes durante nuestra vida en la tierra, sino que "reinaremos con él" en el glorioso futuro (2 Timoteo 2:12). Jesús promete: "Al que venza, le daré que se siente conmigo en mi trono, así como yo he vencido, y me he sentado con mi Padre en su trono." (Apocalipsis 3:21).

Ruego que caminen en la dignidad de su rango divino comprado con sangre y posición exaltada.

Esta Sangre
TE PREPARA PARA EL CIELO

"Estos son los que han venido procedentes de la gran tribulación, y han lavado sus ropas, y las han emblanquecido en la sangre del Cordero. Por eso están delante del trono de Dios, y le sirven día y noche en su santuario; y el que está sentado sobre el trono extenderá su tabernáculo sobre ellos. Ya no tendrán hambre ni sed, y el sol no caerá más sobre ellos, ni ardor alguno; porque el Cordero que está en medio del trono los pastoreará, y los guiará a fuentes de aguas de vida; y Dios enjugará toda lágrima de los ojos de ellos."
– APOCALIPSIS 7:14-17

En un vuelo a uno de mis compromisos, estaba sentado junto a un hombre bien vestido. En el curso de nuestra conversación, me preguntó: "¿Qué haces para ganarte la vida?"

Le dije: "Tengo un negocio de seguros, pero voy a predicar en una conferencia."

"¿Oh, así que usted es un predicador también?" el respondió.

Puesto que aprovecho todas las oportunidades para hablar con la gente acerca del Señor, le contesté: "Sí, me encanta hablar de Jesús. Por cierto, ¿eres cristiano?"

"Ciertamente lo soy," me hizo saber a toda prisa. "Me uní a la iglesia cuando tenía nueve años."

"Eso es maravilloso," le dije, "pero ¿estás viviendo para el Señor?" Esa pregunta parecía desecharlo.

"Bueno, supongo que soy sólo un tipo normal. No voy a la iglesia muy a menudo, pero trato de vivir lo más bien que puedo."

Tuve el privilegio de compartir con él lo que ha significado para Cristo ser el Señor de mi vida, y pude orar una breve oración con él antes de que el avión se tocara.

En palabras del gran evangelista Billy Sunday: "Unirse a la iglesia no hace que uno sea cristiano más que entrar en un garaje cambiará uno en un automóvil."

Sólo hay una cosa que prepara a los hombres y a las mujeres para el cielo: tener la sangre de Cristo aplicada a sus corazones.

Intentar pasar la eternidad con Dios como resultado de servir comidas en un banco de alimentos o dejar de cambiar en el cubo de un campano es inútil. A menos que nos hayamos convertido en una criatura nueva en Cristo, "nuestras justicias como trapos de inmundicia" (Isaías 64:6).

Puede que no hayas cometido un crimen, pero sigues siendo espiritualmente culpable porque has quebrantado las leyes justas de Dios.

La preparación para la Ciudad Celestial comienza al pie de la cruz. Es donde se lavan las túnicas, se limpia el corazón y se hace nueva tu vida. "Aunque vuestros pecados sean como la grana, como la nieve serán emblanquecidos; aunque sean rojos como el carmesí, vendrán a ser como blanca lana" (Isaías 1:18).

Este lavado es una inmersión total en Cristo por medio de la confianza y la obediencia, en Su vida, enseñanza, muerte y resurrección. En esencia, indica un nuevo comienzo.

Lewis Jones fue compañero de clase de Billy Sunday en el Instituto de Biblia Moody. En una reunión de campamento en Maryland, el corazón de Jones se conmovió al pensar en cómo había sido limpiado por el poder de la sangre de Cristo.

Sacó un bolígrafo y escribió este memorable himno: Hay poder, poder, poder de asombro. En la sangre del Cordero:

Hay poder, poder, poder maravilloso, en la preciosa sangre del Cordero.

¿Serías más blanco, mucho más blanco que la nieve? Hay poder en la sangre, poder en la sangre; Las manchas de pecado se pierden en su flujo de vida; Hay un poder maravilloso en la sangre.

Cuando se aplica a tu corazón, estás preparado para el cielo.

Esta Sangre
TE DA AUDACIA

"Así que, hermanos, teniendo entera libertad para entrar en el Lugar Santo por la sangre de Jesucristo."
– HEBREOS 10:19

En su camino a una reunión de oración en el Templo de Jerusalén, Pedro y Juan se encontraron con un mendigo en la entrada que quedó lisiado desde su nacimiento. Les pidió un volante, pero en lugar de darle dinero al hombre, Pedro dijo: "No poseo plata ni oro, pero lo que tengo, te doy; en el nombre de Jesucristo de Nazaret, levántate y anda" (Hechos 3:6). El hombre saltó a sus pies y entró en el templo con ellos, "andando, y saltando y alabando a Dios" (versículo 8).

Como pueden imaginar, los que miran se maravillaron de esto y se reunieron alrededor de Pedro y Juan, preguntando cómo ocurrió tal milagro. Pedro predicó el Evangelio, diciéndoles que esto era lo que habían sido predichos por los profetas. Entonces dijo: "Así que, arrepentíos y convertíos, para que sean borrados vuestros pecados" (versículo 19).

La Biblia registra que 5,000 fueron salvos ese día (Hechos 4:4).

UN TESTIMONIO AUDAZ

El sumo sacerdote judío y otros metieron a estos dos discípulos de Cristo en la cárcel, pero al día siguiente en su juicio, Pedro no fue silenciado por el miedo o la intimidación, y continuó predicando. Justo a su lado estaba el hombre lisiado que ahora estaba curado.

Como parte del mensaje de Pedro, proclamó: "Sabedlo todos vosotros, y todo el pueblo de Israel, que en el nombre de Jesucristo de Nazaret a quien vosotros crucificasteis y a quien Dios resucitó de los muertos, por el este hombre este hombre está en vuestra presencia sano" (versículo 10).

No se negó la magnitud de lo que había tenido lugar. Entonces, "[los gobernantes y los ancianos de la iglesias] viendo la audacia de Pedro y de Juan, y dándose cuenta de que eran hombres sin letras y del vulgo, se maravillaban; y les reconocían que habían estado con Jesús" (Hechos 4:13).

Dado que multitudes de hombres y mujeres seguían glorificando a Dios, los funcionarios liberaron a Pedro y a Juan. El testimonio de lo que sucedió en el Templo y de la victoria que el Señor dio a los discípulos en la prueba fue tan emocionante para los seguidores de Cristo que también se volvieron valientes en su testimonio. La Biblia nos dice: "El lugar en que estaban congregados tembló; y todos fueron llenos del Espíritu Santo, y hablaban con denuedo la palabra de Dos" (versículo 31).

CONFIANZA TOTAL - ACCESO TOTAL

El valor y la "columna vertebral" que tenemos como creyentes no es una confianza hecha por el hombre, sino un derecho dado por Dios basado en la seguridad que nos dio lo que ocurrió en el Gólgota.

Con el poder de la sangre:

• Puedo predicar "el reino de Dios… con toda libertad" (Hechos 28:31).

• "En nada seré avergonzado, antes bien con toda confianza… será magnificado Cristo en mi cuerpo" (Filipenses 1:20).

• Puedo "venir confiadamente al trono de la gracia, para alcanzar misericordia y hallar gracia para el oportuno socorro" (Hebreos 4:16).

Pablo el Apóstol oró para que pudiera presentar el mensaje de la cruz de tal manera que fuera fácil de entender, "conforme al propósito eterno que llevo a cabo en Cristo Jesús nuestro Señor, en quien tenemos libre acceso con confianza por medio de la fe en Él" (Efesios 3:11-12).

La sangre del pacto eterno estaba en Cristo cuando fue resucitado de entre los muertos y ahora está con él en el cielo. Es Su sangre la que nos da la autoridad para entrar en el Santo de los Santos (Hebreos 10:19). ¡Nos lleva a la presencia perdurable del Dios eterno!

Esta Sangre
ES PARA VUESTRA REDENCIÓN

"Y no por medio de la sangre de machos cabríos ni de becerros, sino por medio de su propia sangre, entro una vez para siempre en el santuario, habiendo obtenido eterna redención."
– HEBREOS 9:12

Dado que la mayoría de nosotros llevamos un reloj en nuestra muñeca y tenemos acceso a relojes en la pared o en nuestros dispositivos, es casi imposible para nosotros comprender el concepto de eternidad. Tal vez podamos pensar en términos de millones, miles de millones o incluso trillones, pero más allá de eso, la mayoría de nosotros no tenemos ni idea ni ningún punto de referencia.

Los científicos seculares creen que "el universo tuvo un comienzo y algún día terminará." Ellos para contar el hecho de un Dios que fue, que es y que siempre lo será (Apocalipsis 1:8).

Como seguidores de Cristo, confiamos en la Escritura, que declara:

- "Antes que naciesen los montes y formases la tierra y el mundo, desde el siglo y hasta el siglo, Tú eres Dios" (Salmos 90:2).

- Que Dios sea la gloria, "por todas las edades, mundo sin fin" (Efesios 3:21, KJV).

- "Jehová reinará eternamente y para siempre" (Éxodo 15:18).

Tú y yo nos dirigimos a un eterno más adelante. ¡Y cuando pedimos a la sangre de Jesús que cubra nuestros pecados, somos justos eternamente!

Puesto que Cristo pagó el precio "de una vez por todas," no hay necesidad de ofrecer sacrificios continuos para lograr la salvación.

En tiempos bíblicos, el término "redimir" se utilizaba en referencia a la compra de la libertad de un esclavo.

Por lo tanto, cuando los nuevos escritores del Testamento aplican esto a la muerte de Cristo en el Calvario, significa que si somos "redimidos," entonces nuestra condición anterior era la de servidumbre o esclavitud.

En las palabras de Jesús: "El Hijo del Hombre no vino a ser servido, sino a servir y a dar su vida como rescate por muchos" (Marcos 10:45).

Como dice tan claramente la Escritura: "Con Su propia sangre" obtuvo "eterna redención" (Hebreos 9:12). Podemos alegrarnos de que esta es una obra terminada; se obtuvo en la cruz y nunca puede ser abolido.

Las calles del cielo se llenarán de antiguos cautivos que, sin ningún mérito propio, se encuentran redimidos, perdonados y liberados. Han sido rescatados de las consecuencias eternas del pecado.

Gracias a Dios, ahora hemos sido liberados, ¡no sólo temporalmente, sino eternamente!

Las recompensas de nuestra redención comprada por sangre son increíbles. Incluyen:

• Perdón de los pecados (Efesios 1:7)

- Justicia (Romanos 5:17)

- Libertad de la maldición de la ley (Gálatas 3:13)

- Adopción en la familia de Dios (Gálatas 4:5)

- Liberación de la esclavitud del pecado (Tito 2:14)

- Paz con Dios (Mateo 11:28-30)

- Vida eterna (Juan 6:54)—y mucho más.

Como escribió el salmista hace mucho tiempo: "Con Jehová esta la misericordia, y abundante redención con él"(Salmos 130:7).

Puesto que nuestra libertad ha sido comprada con sangre y estampada con el sello del Espíritu Santo, podemos caminar en la novedad de la vida que nuestro Padre celestial pone a disposición. Al alinear tus pensamientos y acciones diarias con la Palabra, descubrirás que tu espíritu, alma y cuerpo están funcionando como una sola unidad y permaneces en la perfecta voluntad de Dios.

Cuando aceptaste a Cristo, Su sangre la hizo oficial: pasarás la eternidad con él.

Esta Sangre
ES PARA TU HERENCIA ETERNA

"Es Mediador de un nuevo pacto, Para que interviniendo muerte para redención de las transgresiones que había durante el primer pacto, los llamados recibirán la promesa de la herencia eterna."
– HEBREOS 9:15

Nacer en la familia adecuada tiene sus beneficios. Según una edición reciente de la revista Forbes, seis herederos de la fortuna Walmart de Sam Walton valen un total de 145 billones de dólares, ¡no millones, sino billones!

En términos terrenales, una herencia es un don o herencia que se le transmite de sus padres o presentados a usted porque usted ha sido escrito en el voluntad de alguien. En realidad, no se basa en lo que compró o ganó; más bien es por lo general debido a su herencia biológica.

Por supuesto, ha habido un montón de destinatarios inesperados. Por ejemplo, Cara Wood, una camarera de 17 años en un restaurante en Chagrin Falls, Ohio, era brillante, amable y servicial para sus clientes. Le gustaba tanto que reescribió su testamento. Cuando Bill Cruxton murió de insuficiencia cardíaca a la edad de 82 años, ella era la principal beneficiaria de su herencia, ¡y recibió medio millón de dólares!

Supongo que la moraleja de esa historia es "ser amable."

LA PROMESA

El tema de la herencia fue introducido en las Escrituras por una promesa que el Todopoderoso hizo a Abraham. Con total confianza y creencia: "Abraham, siendo llamado, obedeció para salir al lugar que había de recibir como herencia; y salió sin saber adónde iba. Por la fe habitó como extranjero en la tierra prometida como en tierra ajena, morando en tiendas con Isaac y Jacob, coherederos de la misma promesa" (Hebreos 11:8-10).

Mucho antes de que los hijos de Israel fueran liberados de la esclavitud de Egipto y conducidos a través del desierto hacia la Tierra Prometida, Dios le dijo a Abraham: "A tu descendencia daré esta tierra, desde el rio de Egipto hasta el rio grande el rio Éufrates" (Génesis 15:18)—que incluyó Canaán.

LO MEJOR ESTÁ POR VENIR

Un pariente puede fallecer y dejarte alguna propiedad, fondos mutuos u otros bienes, pero su valor no se acerca al don de la herencia eterna esperándote en el Cielo.

Al ser adoptados en la familia de nuestro Padre celestial, somos "herederos de Dios y coherederos con Cristo" (Romanos 8:17). La Biblia nos dice que somos hijos de Dios, pero "aún no se ha manifestado lo que hemos de ser" (1 Juan 3:2). En otras palabras, en nuestra vida aquí en la tierra, no podemos comprender o imaginar plenamente nuestra herencia divina.

El Nuevo Pacto es la última herencia y testamento de Jesús y fue firmada por Su sangre. Sabemos que Él es el ejecutor porque vino 'por medio de Jesucristo" (Juan 1:17). "Es Mediador de un nuevo pacto, para que interviniendo muerte" para que "reciban la promesa de la herencia eterna" (Hebreos 9:15).

Esto nos confirma que era absolutamente necesario que Cristo muriera en la cruz y derramase Su sangre: "Porque donde hay testamento, es necesario que ocurra la muerte del testador. Porque un testamento es firme en caso de muerte; pues no tiene vigencia entretanto que el testador vive" (versículos 16-17).

Ningún juez terrenal puede revertir lo que está escrito en la voluntad de Cristo. Podemos decir "Aleluya" al hecho de que la propiedad legada por Cristo a los creyentes es una "herencia incorruptible, incontaminada e inmarcesible, reservada en los cielos para vosotros. [Está] reservado en el cielo para ti" (1 Pedro 1:4). ¡Todo por la sangre!

Esta Sangre
CAUSARÁ TODA LA CREACIÓN A CANTAR

"Y cantaban un cántico nuevo, diciendo: 'Digno eres de tomar el libro y de abrir sus sellos; porque fuiste inmolado, y con tu sangre nos compraste para Dios, de todo linaje, lengua, pueblo y nación; y nos hiciste para nuestro Dios reyes y sacerdotes y reinaremos sobre la tierra.'"
– APOCALIPSIS 5:9-10

Sólo puedo imaginar lo que va a ser un día pararse ante el trono de Dios, cantando canciones de alabanza con un coro de millones de personas que han sido redimidos por la sangre del Cordero.

Siento que he tenido un anticipo de esto en

algunas reuniones poderosas a las que he tenido el privilegio de asistir.

Por ejemplo, recuerdo un servicio hace varios años en la Iglesia de Dios en nuestra comunidad. ¡La alabanza y la adoración se hicieron tan fuertes que algunas de las mujeres estaban bailando ante el Señor hasta que los alfileres se les cayó del pelo!

De repente, una niebla azul bajó alrededor del altar. En realidad se podía ver, como el humo. Sólo puedo describirlo como una niebla que se eleva en un lago temprano en la mañana. Duró unos 15 minutos.

El poder de Dios era tan poderoso que los hombres, las mujeres y los jóvenes levantaban las manos con temor y caían ante el Señor.

Puedo decirles por experiencia personal que cuando están envueltos en la presencia de Dios, los "dones del Espíritu" (1 Corintios 12:1-11) comienzan a operar en su vida, y nunca son los mismos.

Atribuyo gran parte de la unción que descansa en nuestro ministerio de hoy a lo que ocurrió en aquellos primeros días de mi caminar con Dios.

DIGNO ES EL CORDERO

Espero estar en el Cielo y unirme al poderoso coro de personas de todas las naciones que alguna vez fueron cautivas, pero ahora son perdonadas y libres.

Con los ángeles, y de una sola vez, levantaremos nuestras manos y cantaremos:

¡El Cordero que ha sido inmolado es digno de tomar el poder, las riquezas, la sabiduría, la fortaleza, el honor, la gloria y la alabanza! ... Al que está sentado en el trono, ¡Y al Cordero, por los siglos de los siglos! (Apocalipsis 5:12-13).

Es una canción que sonará a través del Cielo por la eternidad. Debido a las 39 latigazos recibidas por Cristo, todos los favores y bendiciones prometidos por Dios son suyos, ahora y para siempre más.

¡Esta sangre es para ti!

Tommy Combs
Healing Word
Living Word Ministries

DIRECCION: P. O. Box 1000, Dora, AL 35062
PHONE: 866-391-WORD (9673)
EMAIL: tommy.livingwordbooks@gmail.com
SITIO WEB: www.evangelisttommycombs.org